愛你們 ♡

Amy
Chen

愛對自己

愛自己不容易，
愛「對」自己更難。

女王

序：
寫在愛自己的
十二年後

愛自己不是一個口號，而是生而為人最基本的能力。

曾經我寫著：「一個快樂的女人，是不管有沒有人愛她，她都會愛自己，而不是努力去愛對方，卻一點也不愛自己。如果你不愛自己了，誰要來愛你？女人要的快樂、自信和幸福，先從愛自己開始。」

時間過得好快，沒想到《愛自己》這本書出版到現在也已經近十二年了，從那時候單身的自己，一直到現在結婚生子，這麼多年來，自己的心態和想法也變得更成熟不少。

老實說，寫作《愛自己》的時候，那段時間是我單身時感情卡關的時候，很多人感謝我的書給他們支持和力量，但我常笑

說，我寫書大部分的力量來自於我是寫給我自己看的。因為我自己也卡關，所以我要先給自己力量，於是寫著寫著，我也慢慢找到方向，引導自己往更好的方向邁進。**我療癒了自己，也療癒了你們。**

曾經在那段時間，我並不是很愛我自己，單身時期在感情中覺得茫然、找不到方向，也很不喜歡自己常做一些蠢事、錯事。我以為找到愛情、有人愛我，就會是幸福，但那樣的快樂久了一點也不踏實、消縱即逝。我以為愛情是讓自己快樂的方法，但事實上，不對的感情帶你的快樂是短暫的，帶給你的痛苦卻是長久的。

那個時候，我告訴一個朋友：「我要寫一本書，就叫做『我愛我自己』！」他說：「那為什麼不叫『愛自己』呢？」對！就這書名了！

在一個自己狀態很不好的情況下，我慢慢在想，為什麼「愛自己」這麼簡單的事情卻這麼難做到呢？因為我們有太多不喜歡自己的理由，缺點太多、沒自信，總是看著自己不好的地方，看著感情、生活不順之處……一個人要真心誠意的喜歡自己的全部，真的很難。

我發現，我們天生都很怕別人不喜歡自己，生活上、交友上、感情上……總是希望可以表現好的那一面，隱藏不好的一面，因為真實的我們太不完美，怕被笑、被酸、被討厭……常常一不小心，變成了討好的性格。

　　幾次的失敗和碰壁讓我們以為，只要有人喜歡我們、愛我們，就是成功，如果別人討厭我們，就是哪裡不對。即便我們喜歡自己做的事，還是需要別人的認同、掌聲。當我們的自我肯定來自他人，就很容易因為別人的否定而失去自我。

　　我遇到許多優秀成功、令人羨慕的人，他們也會說，常常感到自我價值感低落。或許你會很訝異，但不管過得多好的人，你都不會知道他是不是在逞強，是不是也會有低落、沒自信的時候？

　　所以，愛自己似乎並不是與生俱來的天分。或許有，但在社會和生活的磨練下，大家一點一滴漸漸失去愛自己的能力。尤其是談了錯的愛情，讓你痛苦又耗損，而開始否定自己、自信心低落。

我以前常用「不愛自己」的方式去愛人，只爲了怕對方不愛我，也怕失去愛情，所以去做一些違背自己心意、討厭自己的事。現在想起來，那根本不是愛。

追根究柢，我們追求「擁有」害怕「沒有」，所以爲了「有」而去努力迎合、得到，但後來才發現，那樣的「有」根本不是快樂。譬如說，我會因爲害怕失戀，而努力去維持一段打從心裡不快樂、傷痕累累的愛情。我也會因爲害怕一個人，所以努力讓自己不孤獨，去認識朋友、參加聚會、盲目約會，我以爲讓自己看起來過得忙碌又精采就不會孤獨，但後來發現，越想要反而越孤獨。

我也會因爲身爲公眾人物，怕別人不喜歡我而試著討好每個人，不想得罪人，小心翼翼怕寫了什麼、做了什麼讓人找到理由討厭我、找我麻煩……但後來發現並不是我做錯什麼別人不喜歡我，而是我本來就不可能讓每個人都喜歡我。就算他討厭我的理由是不存在的，我也無法改變別人的偏見。而這樣的我，只會越來越失去「理直氣壯做自己」的能力。

看著《愛自己》這本書，那時候對我來說，愛自己是比較單純的，只要努力試著做就可能做到。也可能是那時我還單身，

經歷沒現在這麼多、沒有現在成熟，在走入婚姻、生小孩後，從一個女孩到女人，到當媽媽，我才發現，我們要面對的困境、難關更多，很多事情已經不是一個人可以輕鬆處理，而是一個家庭，還有一個（或許更多）孩子來考驗你的體力、能耐和心智。尤其是當了媽媽後，每一天，我都覺得好不容易活過來了！這是以前單身時從來沒想過的。

現在對我來說，「愛自己」成為更難的課題，我們要找到無法好好愛自己的原因，找到如何愛自己的方法，變得更進階、更有深度了。這也是我想要寫這本書的原因，我們或許都知道要「愛自己」，但覺得更困難了，甚至可能用錯的方式愛自己，更得不到內心真正的快樂。

經歷了這麼多年，我也慢慢找到愛自己的真正意義，從接受自己、了解自己，到好好的擁抱自己。我們不是努力去做一個美好的人，而是懂得面對接納自己的不美好，在最苦的時候，仍然可以甘之如飴的笑著接受。

就好像我總是覺得當媽媽好辛苦、好累，但再累的時候仍有一絲甜，譬如孩子睡著的天使模樣、跟我撒嬌的時候，那樣的愛讓我接受苦與累，坦然面對自己無法什麼都做好，欣然接受

沒有每件事都順著我們心意。在最糟的情況下，我們仍不失去對自己的愛。

　　我們以為愛都是美好的，事實上，愛是如此傷痕累累，一點也不美。

　　只有在歷經千辛萬苦、擦乾眼淚後，我們才懂愛，才感謝自己從未放棄「愛自己」。

contents

Part 1
為什麼我們無法
好好愛自己

contents

Part 4
那些傷害你的人際關係

contents

Part 5
在婚姻裡，
想得到幸福卻無法愛自己

contents

Part 6
媽媽不是超人！
教養的難題

Part **1**

爲什麼我們無法
好好愛自己

我曾經很怕別人討厭我

曾經，我對那些對我言語霸凌的人說：
「希望你們不要討厭我。」說完我覺得很難過，
原來，我被傷害了，還怕別人討厭？

　　常看到網路上很多人聊到被酸民攻擊的辛酸，我想不管是名人還是一般人，遇到許多人對你的言語霸凌和攻擊，都很難承受，甚至許多人會因此憂鬱、受傷。這真的是現代人很容易遇到的問題，尤其網路上匿名的攻擊，有理說不清，那些惡毒的言語，真的會擊垮許多人。

　　常有朋友問我，這麼多年是怎麼挺過來的，如果是我的資深鐵粉，應該一路走來常看到我被酸民攻擊吧？不管是網路上的惡意、謠言、抹黑，還是私下的批評，一點也沒少過。以前的我，真的不懂為什麼我從不傷害人，別人卻要傷害我？也不懂為什麼有人要造謠、憑空捏造，用那些我從沒做過的事來罵我？這一點我真的很無語，如果我有做就算了，但我沒做的事，還要被冤枉、被批評？

　　以前的我，曾為了這樣的霸凌、傷害而痛苦萬分，想要解釋

清楚，但發現那些捏造謠言、聽信謠言的人根本不在乎事實，你怎麼說他們不在乎。他們只是想找個理由傷害人、找機會罵人，發洩自己的情緒，剛好你倒楣被罵。

我也曾很難理解，為什麼我要為沒有做的事、不是事實的謠言，變成被攻擊的對象。而那些平時就想找機會踩我的人，也像是撿到槍一樣，趁機狠踩。最令我難過的是，這才發現有許多我本來以為是朋友的人、平時對我友善的人，也成為這群撿到槍的人。我自認沒有傷害過朋友，也都與人為善，所以不懂他們為什麼這樣做？

但即便遇到這樣的鳥事，我還是不與人衝突，也不會回擊那些酸民，或許是我太追求以和為貴，也或許是我個性軟弱，天生怕衝突。我除了解釋說明，就只能客客氣氣的默默承受。我也不懂為何要對那些傷害我的人客氣，別人講話難聽了，我還要當個有禮貌的人，還要保持微笑？

曾經，我對那些對我言語霸凌的人說過：「希望你們不要討厭我。」說完我覺得很難過，原來，我被傷害了，還怕別人討厭？

網路上那些消費我的人，用攻擊我來得到更多點閱、得到知名度，即便他們知道自己說的都不是真的，但踩著別人能得到好處，對他們來說就是成名的捷徑。看著他們這麼做，我知道

解釋無用，也只會再被消費，所以我選擇不去看、不理會。

我從不在網路上跟人吵架，一直以來，我覺得這是我想維持的格調，我只想好好創作，讓粉絲聚焦在我的文章、我能提供正面影響力的文字，而不是來看我罵人、跟人吵架。對我來說，這只會把自己變成四處爭執的人，我不想成為這樣的人。這不是我成為名人、作家該做的事。

但，老實說，我很討厭這樣懦弱的我，我也想跟很多人一樣可以大聲罵人，動不動就告人，理直氣壯的捍衛自己。甚至可以變得更紅，但我真的不想。

害怕被討厭，並不是我沒有自信，而是我不喜歡爭吵，就像是兩性關係中，我也不是個很會吵架的女朋友，與其吵架，我寧可算了、寧願認輸。與人爭吵會讓我內心失去平衡，這樣煩亂的感覺讓我不知所措，我很怕這樣的狀態。

或許，我的內心沒有我想的堅強，我是個很弱的人，以致於我無法與人爭。即便沒有做錯、沒有理虧，我還是怕吵輸。我想這就是我個性的弱點吧！我還是希望相信人性本善。

但是慢慢的，這麼多年過去，現在的我已經沒有害怕了，對於酸民我也不太被影響，不懂我的人喜不喜歡我，我也沒那麼在意了。為什麼呢？我想，我真的學會了「放下」！

以前的我以為被喜歡、朋友多、人緣好，就會快樂，就是成

功。但我發現並不是這樣，甚至我還會被我以為的朋友傷害。原來，快樂並不是要得到很多、擁有很多，而是學會取捨，學習「斷捨離」。

我曾在書中寫過，走入婚姻、年紀增長後，我發現真正的快樂其實來自很簡單、很少的東西，真正的好友幾個，然後，把那些不愛你、不在乎你、不喜歡你的人「放下」。因為他們一點也不重要，為什麼我們要為了不重要的人事物而煩惱呢？

我只要專注在寫作、分享正面的文字、幫助別人，讓人得到療癒和幸福，這樣就好，而那些是是非非從來不是我該關注的。我根本不需要花時間在那些鳥事上，而是要把時間放在讓我得到愛、感受到愛的事情上。

時間久了，事實會證明，只有好好專注在自己的創作上，寫出好的作品，把生活過好、把自己經營好、讓自己活在愛裡，才是正途。而那些總是活在仇恨中、四處傷人的人，他們依舊還是在那樣的層次裡，所以他們也只能原地踏步，也無法讓自己成長。

· · · · · · · · · · · · ♥ · · · · · · · · · · · · · ·

害怕被討厭，這是我們每個人都會遇到的心魔，但如果你問心無愧、坦然以對，那麼，就不要讓自己活在別人的眼裡、嘴

裡，而是為自己而活、活得更精采！

花時間對付傷害你的人，只會耗損自己、拖累自己，在那些瞎事上攪混，對你來說一點幫助也沒有！而是要做「對的事情」，就是把焦點放回自己身上，只有讓自己變得更好，才是最好的證明！

別人討厭你，不一定是你的問題，很多時候是他們自己的問題。以前我專注在理解為何他們會有這樣的問題，無解。因為我不是他們，我不懂仇恨，不喜歡傷害人。或者可以換個角度想，那或許正表示他對你有多關注。

如果你問我，遇到那些攻擊、挫折、不看好，怎麼辦？我會告訴你：「請專注在自己覺得對的事情上努力。」或許一時之間你無法證明、得到什麼，但時間久了，你會知道自己走在對的路上。

選擇對的路，或許不是捷徑，也不好走，更可能孤獨，但是堅持走下去，等你走到山頂看到的就會是不同的風景。而山下的紛擾對你來說，已變得微小而不重要了。

願給在這一條路上一起行走的你，一個擁抱！

如何走過低潮的時光？

常有人問：「要怎麼走過低潮的時光、讓自己找回快樂？」

我也曾有過低潮，那時只會執著的看著黑暗，而忽略了生活中美好的事物、忘記了笑容。以為找不到陽光，殊不知，是自己把自己困在井底，不願爬出來罷了。

我常常提醒自己，為了傷害你的人而去做傷害自己的事，是在傷害真正愛你的人，最不值得！（秒醒）

如果你也是個總是低頭看著自己傷口、不足、挫敗……而不曾抬起頭來的人，覺得世界上自己最倒楣、最悲慘，覺得自己無法好好活下去、厭世的人……

我以前會給一個建議，就去大醫院的大廳坐一個下午吧！看看那些生老病死、真正的痛苦和無助，你會感恩自己其實並沒有想像的那麼不幸。而那些受傷病痛的人，都比你還賣力的活著，你又有什麼理由站不起來？

———— ♥♥♥ ————

但是，這個關卡要自己花時間走過，你才能成長。時間花多花少，都是你的選擇。

你問，要怎麼當個充滿笑容的人？

其實，生活中本來就有苦有樂，如果你專注在苦，你看到什麼都是苦的，若你能在苦日子找到生活樂趣，路上的小花小草、今天的暖陽也會讓你感到幸福。

幸福可能是好運，但大部分都是你的努力。

努力的人，可以把鳥事當作自己變得更好的養分，把小人當作讓自己進步的貴人，把過去的失敗戀情當作未來幸福的砥礪。

既然都是低潮了，人生最低、最慘也不過如此，未來就只會往更好、更高的方向前進，不是嗎？

生活再不美好，也能努力讓自己活得漂亮。
抬起頭來，你才會看到陽光，看到你的天空有多大。
親愛的，別忘了，你笑起來很美！

在人生的每一刻，都喜歡當下的自己

不要當個只懷念過去美好的人，
而是要當一個，慶幸現在比過去好的人，
永遠喜歡當下的自己！

　　你常會羨慕別人嗎？我們總是羨慕別人得到的，忽略自己擁有的。常常聽著誰羨慕誰，但被羨慕的人也說他羨慕別人……很有趣吧？

　　年輕的時候，我也會羨慕別人得到的，氣餒自己做不到的。有時候，我也很想用我擁有的，去交換別人輕易就能得到的東西。那時候，真的很不容易滿足。

　　我發現很多人的不快樂、不滿足，是因為看著別人有什麼、自己缺什麼。總是想著：「如果我有……那就好了。」想想，我們的不快樂，往往是放大了自己的不足，縮小了自己擁有的。

　　你會發現很多人常用否定的態度對自己，總是當一個不滿足的人。我常會說，別人的人生由你來過，可能你一天就受不了

呢！因為你看到的只是表面，不知道他背後的付出和辛苦，而且，他表現出來的也不一定是真的啊！

就像我認識不少過著表面生活的人，要假裝有錢、假裝人脈很廣、假裝很有能力、假裝婚姻幸福，一旦你知道了真相才會恍然大悟，原來看到的不是全貌，而是別人想要展現出來的樣子。很多人為了面子而活，看多了，你就不會只看表面就信以為真了！

相對來說，每個人的美好生活背後，都是努力來的，他得到了什麼，必然付出或犧牲了什麼。每個你羨慕的人，必然也付出過相對的代價，對等的犧牲，並不是你表面上看起來這麼容易啊！

有時候，我們也會羨慕別人得到的，氣餒自己做不到的……但換個角度想，或許也有人羨慕你擁有的。人啊！比較是比不完的。

當你放棄要跟別人比較、多看自己擁有的，你會過得更快樂。而且不必跟別人比，要跟自己比，只要你現在比過去好，未來可以比現在好，那就是最真實的成長。

貪心的人真的得到了什麼，也不會比較快樂，因為他還是覺得自己少了什麼，因為他的內心不滿足。我看過很多明明擁有很多，卻總是不知足的人，那麼，他擁有再多也不會快樂！

隨著年紀慢慢增長，我變得更成熟，不會去羨慕別人、不輕易被別人影響，也喜歡變老的自己。無論好或不好，我都接受並喜歡「當下的自己」。

你會發現，只有當個最自在、最喜歡的自己，你才會最快樂、最有魅力。心態上自在豁達，不容易緊張沒自信，也不會因為小事而煩惱焦躁。

大部分的錯誤我都走過，該跌的跤也沒有少跌，我也曾受過傷或傷過別人，不懂自己要什麼，所以一路走來，我也慢慢找到自己，找到我想要的幸福。

以前的我很介意別人想法或別人喜不喜歡我，但是當我找到自己的重心和力量，就能做一個快樂的自己，而不是因為別人的一句話而否定自己。

譬如說：我就是長不高，我就當個最有自信的矮子，如果我無法當紙片人，我就讓自己健康有曲線。如果我無法當氣質文青，我就當個討人喜歡的大笑姑婆，我沒辦法當個貴婦可以大花錢，我就開心的買我能力範圍做得到的東西就好。

我們都要學會在不完美的人生，努力把生活過得更美好一點，不是嗎？

不必害怕犯錯，因為錯誤教會你更多東西。面對自己的脆弱不可恥，而是努力讓自己今天比昨天更勇敢一些些。總是遇到不幸？那麼就把過去當教訓，為自己要的幸福努力前進。

別人笑你，你就笑笑的當作給自己的動力，別人損你，就當作練修養。別因為他人而影響自己向前的動力。

沒有人天生什麼都好，那些你看起來現在過得很好的人，他們也是跌跌撞撞的走過來，並沒有跟你不同。而那些你看起來「能把自己過得很好」的人，他們也是經歷過許多挫折低潮，但堅持不放棄自己的人。

哭完了，就笑吧，跌倒了，就向前走吧，失敗了，就再努力一次吧！

有一天你會感謝過去的錯誤、挫折、脆弱、不幸……造就了現在更好的你。人生看的不是過去，而是現在和未來。過去有多差沒關係，以後也只能更好、不會更差！

我們努力成為一個更好的自己。在人生的每一刻，都喜歡當下的自己。

說不定你羨慕的人，現在也羨慕著你呢！

∙∙∙∙∙∙∙∙∙∙∙∙∙♥∙∙∙∙∙∙∙∙∙∙∙∙∙

寫給每個曾經沒自信的醜小鴨，你怎麼不知道，你可是別人

眼中美麗的天鵝！

　感謝挫折帶給你成長，歲月送給你歷練，走過低潮，我們都會更好。

　我從來不是念舊的人，我不喜歡浪費時間緬懷過去，因為，我只想要努力讓自己的現在、未來更好！和過去比起來，現在的你會更喜歡自己。

　懂得愛自己的人，才會遇到真正懂得欣賞你的人。所以，我從不回頭看，我只喜歡當下的自己。

　真心的喜歡當下的自己，無所畏懼、還能笑看人生，也是姐多年來的心靈鍛鍊啊！

總是不知足？
缺憾讓我們更珍惜擁有的東西

朋友感嘆：「長大就明白，人生不如意事實在太多。」以前我也常有感嘆，上天似乎很愛捉弄我們，給了很多難題和殘酷的考驗。

有人說，不如意才是人生常態。或許是一種豁達和看開吧！慢慢的，我從不解、怨恨，到走過、接受，領悟……

現在回頭看，其實我挺感謝那些不如意的，因為現在所有美好，若沒有不順遂的過去，是無法得到。也因為那些失去、失敗，後來我們才能得到更好的、學到更多。所以後來看起來，都是好的結局。所以我們的付出和教訓，都不是沒有收穫的。就很像摩羯座的人生哲學：「**no pain, no gain!**」

那些不如意，要我們學會一些東西：可能是保護自己、是懂得拒絕、要你清理交友圈、改變看對象眼光、知道停損點、不要太貪心、捨得放手、放過自己……

我們過了自己這關，改變了自己，生活才會跟著改變。至於別人怎樣，其實對我們來說就沒那麼重要了。

我說：「**缺憾讓我們更珍惜擁有的東西。**」

看著缺少的，總是不快樂，但想著擁有的，才懂得滿足。換個角度想，人生有得必有失，不可能全拿，在你失去什麼時，必然也會得到些什麼。只是現在還不懂，或許有一天你就會明白。

我曾想著自己缺少什麼，想著生活中的不愉快，但每次心情低落的時候，**看著小豬寶天使般的笑容，我才知道自己已擁有人生中最棒的禮物！**

太完美的人生少了點趣味，在不夠完美的生活裡，找到讓自己生氣完還能會心一笑的小事，又辛苦又快樂的活著……

於是，我慢慢能試著接納不完美的事情，換個心態去面對，只要我們能努力就去改善，如果無法，就 Let it go 吧！

生活中總是有許多不美好的事，有些事情其實與我們無關，有些事情其實沒那麼重要，不快樂是一天，快樂也是一天，那些不是那麼重要的，就當作笑看人生吧！

每個人都問：如何找到自信？

　　以前演講和讀者來信，最常被問到的問題就是：「如何找到自信？」容易沒有自信，應該是每個人的課題，也是我們都必經的過程吧！

　　要當個天生就很有自信的人，很難。從小到大，不管哪個階段都可能有過沒有自信的時候。也因為對自己沒自信，所以很難好好愛自己。所以我覺得要先克服沒自信，才能找到愛自己的方法。

　　我也曾容易沒自信，從以前到現在經歷很多、跌跌撞撞，才慢慢找到自信的方法。這不是一件容易的事，培養自信心也是需要學習的，在這裡與你們分享我找回自信心的一些方法：

1. 試著接受自己的缺點

　　人沒有完美，每個人都有缺點，或是不足的地方，即使是你羨慕的人，也有他的缺點，如果想要追求完美無缺，真的會很

辛苦，無論如何努力可能也無法做到 100 分。那麼，就試著放過自己一下吧！

我看過很多人喜歡逼自己，或是達不到標準就否定自己，於是討厭自己，也過得不快樂，當然努力是很棒的事，但如果努力達到的過程是不快樂的，那麼就算結果達成，你也讓自己習慣活在不快樂的情緒裡。

但是有缺點就不改變嗎？也不是，如果是可以改變的，就去改善、提升自己，讓自己變好，這是自我成長。我覺得很好！就像你知道自己有什麼壞毛病、個性的弱點，你會試著去解決、去改變自己，都是好事。

但如果是不能改變的，譬如說天生的，像是我以前也曾自卑長不高，既然無法再長高了，那麼就學會欣然接受，矮也有矮的好處啊！（不用擔心比男生高不敢穿高跟鞋，哈！）這樣的缺點就學會接受，換個角度和心態去面對吧！

你怎麼知道這一定是缺點？說不定在別人眼中是優點呢！

2. 每個人都不一樣，不要跟別人比較

很多人沒自信的原因就是會嫉妒、愛比較。看到別人哪裡好，就會否定自己。其實說真的，要比較是比不完的，永遠都有人比你優秀、過得比你好。這樣只會讓自己越來越沒信心！

以前我也會看著那些我羨慕的人，覺得自己少了什麼、哪裡不對。後來我發現，如果一直這樣想，自己就會喪失進步的動力，因為你會覺得「努力也沒有用」，這是很可怕的事。有些人會自暴自棄或充滿負面情緒，甚至因為嫉妒心太重，看到別人哪裡好就不開心，就變成了酸民。天啊！我們千萬不要變成這樣好嗎？

　　看到別人的優點時，不如把它當作學習、參考的目標，以前失戀的時候，每當看到那些婚姻幸福的人（那時我連婚姻在哪裡都不知道呢！）就會去多觀察他可以讓自己過得幸福的原因是什麼？我寫過一本書《相信你值得幸福》裡面有訪問許多我覺得幸福的女人，從她們分享得到了很多共鳴，很值得參考！

　　看到成功人士，就多學習或參考他們成功的方法，雖然說不一定適用在自己身上，但也一定可以得到一些心得和想法。多學習、少批評，保持開闊的心胸、謙虛的態度，你才能得到更多收穫。

　　然後你會發現，每個人的人生不同，都有好有壞，做別人並不會讓你比較開心。不要總看別人有的，忽略了自己有的。把心胸和格局放得大一點，你會學習到更多，別人的人生只是參考，你自己要怎麼過，是你能做決定的。不要跟別人比，做好自己才是最重要的！

3. 找到自己的優點，做你喜歡的事情

有人說沒有自信心，不知道去哪裡找？我都會問他：「那你一定有喜歡、擅長的事吧！」想想看你喜歡什麼、專長是什麼、做什麼事會讓你開心有成就感？一定有吧！

有了小孩後，有些當全職媽媽的朋友會覺得自己總是做家事帶小孩，慢慢失去自信，也不知道自己能做什麼。我都會跟她們說，可以從你喜歡、擅長的事情開始做，去開發自己的另一片天！像是現在很流行斜槓媽媽，就是從全職主婦找到自己事業的另一片天。

我有朋友喜歡運動、做瑜珈，也有練鋼管的，她們學著學著去考了證照，後來成了老師。有朋友喜歡花藝，自學後開始接一些生意，漸漸也開了店。也有媽媽們在帶小孩的空檔作網路電商，或自己賣手做商品……她們都從自己興趣中找到了目標，也找到了自信！

所以你可以從喜歡的事情開始學習，去發掘自己的優點。這也是找回自信的好方法。

請相信，每個人的優點、專長不同，你一定有你的長處，或你所熱愛的事物，那就去好好發揮，做自己喜歡的事吧！當你認真做著自己熱愛的事，就會從中找到自信，專注於熱愛的事會讓你很迷人、很有魅力！

我在很多朋友的身上看到了她們閃閃發光的模樣，真的是打從心裡深深著迷啊！

4. 對的人讓你更有自信

不得不說，很多人的自信心，是被不對的感情磨掉的！很多人的生活都受到感情很大的影響，如果談了一個不快樂的戀愛、活在不幸福的婚姻裡，說真的，一眼就看得出來她過得不好。

朋友說，不幸福的人臉上都有種滄桑的感覺。這跟美貌無關，而是發自內心的態度，有些人本來充滿了光芒，但過得不幸福，整個人的光芒就消失了。甚至眼神還會有著怨恨和不滿。所以說，愛上錯的人，不但讓你變得沒自信，還會變醜。

看看一個女人談了戀愛、結婚後的變化，就知道她幸不幸福。這倒是真的！

有些人遇上恐怖情人，總是打壓你、批評你、瞧不起你、否定你……於是漸漸失去自信。甚至覺得他對你不好，都是你的錯。你只會越來越自卑，覺得自己哪裡不好。

如果你跟一個人在一起，卻覺得自己失去自信，總是被負能量充滿，你或許該好好想想，跟他在一起是對的嗎？

頭腦清醒才會好命，別讓錯的感情毀了你的美好人生！

5. 遠離那些會讓你失去自信的人

想一想你身邊是不是有些人專門打擊你的自信心？可能是親人、朋友……身邊的任何人，他們會說一些否定你的話，嘲笑你或看不起你，認為你做不到……仔細回想，你成長的過程中是不是有很多這樣的悲慘經驗？

我有蠻多朋友說，從小被爸媽否定影響很大，或是求學時、跟朋友相處時，很多人有意無意的給你一些言語上的傷害，或是遇到霸凌。或許我們還小的時候無法去做什麼，但當我們長大後，變得成熟可以去做些改變時，就要懂得去避免、遠離那些總是讓我們失去自信心的人。

或許他們是用「愛」作為出發點，但他們的愛可能會傷人，或許是為你好，但說出口的話又讓你感覺很不好。有人說，這叫做有毒的關係。

或許我們無法真的斷開這些人際關係，能做的就是盡量遠離、保持距離。我自己也很怕遇到這樣的人，也不想浪費力氣時間在他們身上，所以我學會分辨，試著拒絕，也整理自己的交友圈。

你也可以想想看，是不是該做一些斷捨離呢？

我覺得，所謂的自信並不是要求完美，因為，沒有人是完美的，也沒有完美這件事。而是讓自己感覺慢慢變好，越來越有力量，內心越來越強大。

　　我們要懂得欣賞、接受自己的本質，在努力提升自己、讓自己進步的同時，也不要否定當下的自己。不夠好沒關係，下一次更好就行了！

　　對我來說，愛自己是很正面的一件事。並不是過度自戀或是自私，那並不是愛。而是，你懂得欣賞不完美的自己，知道自己不夠好、能力不足，但我們還是會繼續前進！

　　我覺得最好的解釋是「愛惜並尊重自己」，你的自信讓人感到愛，而不是傷害，這才是愛自己。

失戀了要做什麼轉移注意力？

很多人會問這個問題，我一律回答：「好好工作。」

去做你喜歡的事、去提升自己、去好好過生活，去外面走走、去忙一忙吧！

你累積的努力都是屬於你自己的，誰也拿不走。回首過去花了多少時間在沒質感的愛情上？真的不如好好投資自己。花了多少眼淚在不珍惜的人身上，還不如好好美容保養。

朋友說：「**很多人用在愛情上的努力，如果拿來好好工作，可能都事業有成了。**」

「也是，最後你會發現，世界上唯一不會騙你的，就是你的存款簿。」

另一個朋友也說：「對的人，讓你變得更好，錯的人，讓你又醜又老……」

哈！還是會老啦，但是愛情的好壞，真的會影響我們的心情、生活，甚至未來（朋友說就連面相也會被影響）。

把自己的重心和人生都寄託在別人身上，真的太累，太沒安全感了，不如找回一些自己。追著別人跑，不如站穩自己的腳步。

請先將前任的社交帳號取消追蹤、封鎖刪除，以獲得身心靈

的平靜喜樂。

分手了就要強迫自己遠離可以看到前任的任何東西，刪除社交帳號（不只前任，共同好友也先取消追蹤吧），去學點東西、多看書，和好朋友出去聊聊，也可以自己去哪裡旅行走走。

單身的時候，當心情不好或卡關的時候，我很喜歡一個人找個地方旅行，當你踏出步伐，就會發現世界這麼大，有這麼多美好的事物，為何要為了這一點失戀小事而傷感？

去做那些你從前談戀愛的時候，想做卻沒有做的事，因為以前花了太多時間在對方身上，自己想做的、真的喜歡的事，反而都忽略了。這時候，是該好好花時間在自己身上了！

你可以多認識異性，但不要急著戀愛，馬上跳入下一段感情其實對你來說不是好事。不如多看看、多認識，了解原來世界上有這麼多更好的異性（哈），也去了解自己到底適合什麼樣的人，避免重蹈覆轍。多認識朋友，讓你跳脫不同生活圈，也打開自己眼界。

不要再把時間花在抱怨前任、自怨自艾上，那只會讓你看起來像怨婦，負能量太強，會把朋友或默默欣賞你的人嚇跑。尤其在網路上不要一直罵前任，你只是出了氣，但對你一點幫助也

沒有，不要讓自己一直活在過去的陰影中！

我建議你把注意力多放在工作上，因為工作上的成果和進步，才是對你來說最實際的收穫，不管是經歷或收入。當你往上爬，有更好的經濟能力，你可以選擇過你想要的生活，讓自己過得更好，也能認識更優秀的朋友和異性。

最重要的是，**把重心放回自己身上！**

現在起，你開始為自己而活！

當你又忙又美，哪有時間患得患失？

你的安全感並不是來自感情，而是你的自主、自信，
你的存款、生活的能力，以及你手機電力。

「當你又忙又美，哪有時間患得患失？」曾在書中看到，很喜歡這句話。

以前的我也很容易患得患失，害怕失去，現在卻一點也不會了。以前覺得天大的事情，現在是小菜一碟，以前會被傷害到的，現在看來雲淡風清。

當我們內心強大，越能當自己內心的主人，不隨意被人影響，也不會因為失去什麼，而失去自己。

現在看到別人為了小事在暴躁憤怒，小題大作又何苦呢？現在也不容易為了感情而迷失自己，反而更知道自己要什麼、不要什麼，看別人的感情問題，覺得更透澈了，更懂得尊重自己，就不會為了沒質感的愛情去浪費時間、浪費生命。

到了一個年紀後，你發現你的安全感 並不是來自感情，而是

你的自主、自信，你的存款、生活的能力，以及你手機電力。
哈！

⋯⋯⋯⋯⋯♥⋯⋯⋯⋯⋯

　　女人很容易為什麼而感到焦慮？我想就是感情、年齡，還有
別人帶給她的壓力吧！

　　有人說，男人不管幾歲都喜歡二十幾歲的女孩，聽了只須笑
一笑，就讓他們去吧！我們沒有必要因為別人膚淺的眼光，而
拉低自己去迎合他們。你有你的菜，我們也有我們的市場，是
不是？

　　老實說，我根本不想回去當二十幾歲的女孩，我喜歡變得更
成熟、更好的自己。而且，把當下的自己活成你最喜歡的姿態，
這是努力與收穫。

　　你會不會在 FB 跳出幾年前的回顧時，感嘆自己的過去？尤
其是美好的過去。覺得過去比較好，還是現在？

　　看了過去，我更清楚知道我喜歡現在，要我回到過去，我可
一點也不願意啊！

　　聽到很多女生說，很不喜歡在外面被叫「姐」，但我剛好相
反，我還蠻喜歡被叫姐的。老實說四十幾歲的我們被當妹也很
奇怪，當姐姐不好嗎？我覺得很好！當姐姐覺得自己被尊敬，

地位不也比妹高嗎？可能是我排行老大，從小就是當姐，我很喜歡當姐的感覺。

所以我一點也不會有老了就不好、不願意認老的心態，老無所謂，重點是我們過得比年輕時更好，變得更聰明、有智慧、有品味、有經濟能力……這才是老得有價值啊！

我覺得，年輕時靠天生條件、靠好運，年紀長了，靠的是努力。不努力，也不會再保有好條件。所以你可以看到很多年輕時靠天生條件過得好的，沒有好好經營努力，老了就快速走下坡。相對的，很多人經過後天的努力，讓自己越來越精采發光。尤其是觀察同學長大後出了社會，過了十年、二十年的差異，變得更好，靠的都是後天的努力！

⋯⋯⋯⋯⋯⋯●♥●⋯⋯⋯⋯⋯⋯

所以我很怕聽到女人抱怨：「我老了，所以不能……無法……」這種自我放棄、否定的心態。

我曾寫過：「女人是不是年紀大就貶值、沒得挑，甚至是愛情市場的劣勢？其實，要讓自己增值還是貶值，都是你自己決定的。」

年齡可以帶給你智慧的禮物，那是你的經歷得來的，那些成長都讓你變得更好，那是增值。如果你揮霍了人生，什麼都沒

得到，那才是貶值。

　　其實看看許多越老越增值的女人，她們反而比年輕時更有自信和魅力。有人說，歲月可以雕刻一個女人，也能摧毀一個女人，你想被雕刻還是摧毀？

　　當你越有自信，就不會被那些想要貶低你的人所影響，因為層次早已不同。他瞧不起你，你才看不起他呢！聽到那些貶低年齡的言論，一笑置之就好！他只是顯示了自己的層次。

　　不要為了無聊人的否定而焦慮，去隨便愛，去迎合別人，亂了自己方寸。因為你知道，會讓你增值或貶值的，從來不是年紀，而是你自己的努力！

　　好好照顧自己、經營自己的人生。努力為自己而活，這才是對自己負責任的態度。

．．．．．．．．．．♥．．．．．．．．．．．

　　如果有人說老了不好，我都會回：「你怎麼知道自己說不定以後是走老運呢？」像我就覺得，自己選擇晚婚是對的，我越老過得越好也是對的，因為我更有智慧和能力知道自己要什麼、不要什麼。

　　我們不要成為那種只能回顧當年美好的人，而是要看著過去說：「還好我走過來了！」「還好我變得更好了！」要我回到

過去，一點也不！

也有人會因為女人沒有婚姻、沒伴侶就否定她。但你不知道，她們其實過得比很多已婚有伴的人快樂呢！

對我來說，專注把自己的生活過好、好好的充實自己，不要把感情當作救命符，也不要隨意的被影響。把生活的重心放到自己身上，你會發現，那些有的沒的、沒有意義的、消耗你生命的……你都不會在乎了！

每個階段都有不同的風景，享受單身，也能享受愛情。走入婚姻，也教養孩子，都有好有壞，有得有失。

年齡從來不是設限，只要我們不枉費增加的年歲，能夠驕傲說出自己的年紀，欣然接受每個階段的自己。

面對那些急著否定你的人，笑一笑就好，因為焦慮的是別人，從來不是你！

···········● ♥ ●···········

我認識很多女人，能把自己活得好，她們都是又忙又美。

或許不容易，但那是一種關注自己、努力追求讓自己更好的態度，忙不只是工作，而是你有生活重心（哈囉，你的重心不是愛情好嗎？）你有專長興趣、有夢想、有目標。你可以愛工作、愛自己、愛生活，經營你想要的人生。

美麗不只是專注在外表，而是內外兼顧，美麗的內心讓人覺得舒服。你的美不是跟別人一樣追逐潮流，而是找到獨特的魅力，屬於你的自信。

　　當你又忙又美，才會找到自己的安全感，對自己更有信心。你越獨立，就越不需要依附別人、不需要依靠愛情而活。就越不會糾結、迷惘、浮躁，不會為了不愛你的人、不值得的事情而辜負自己。

　　每個階段都有不同的風景，享受單身，也能享受愛情。走入婚姻，也教養孩子，都有好有壞，有得有失。

　　年齡從來不是設限，只要我們不枉費增加的年歲，能夠驕傲說出自己的年紀，欣然接受每個階段的自己。

　　有沒有感情、婚姻也不是你的設限，過得快不快樂才是最真實、最重要的。

　　面對那些急著否定你的人，笑一笑就好，因為焦慮的是別人，從來不是你！

你總是羨慕別人的外表嗎？

有人跟我說：「打開 IG、FB 只會讓我沮喪，大家都好美，擁有完美的生活，反觀自己如此平凡，真的很羨慕別人！」

你常會羨慕別人嗎？現在網路發達，隨便打開任何社群平台，都是那些過著令人羨慕生活的人，長得漂亮、揮霍過生活，隨意就可以到哪裡旅行，買東西也不手軟……好像別人的人生都是如此美好，而自己能炫耀的可能只有下午的一杯咖啡。

我常聽到很多人會去比較，也會嫉妒，甚至會想成為跟別人一樣的人。很多女生說，是不是要長得那樣、穿那樣的衣服、拍那樣的照片，才是美女、才會有男生喜歡？

尤其是現在，對於「美」越來越標準化，有時你也分不清楚誰是誰？在這樣的風氣下，複製人的美真的美嗎？會不會失去了你原有的個性、魅力呢？每個人都拿一樣的包，長得都一樣，有什麼特別？

很多女人很容易沒有自信，就來自對外貌和身材的焦慮吧！尤其是看了那些瘦到讓妳懷疑人生的網美照片。

年輕時都沒什麼感覺（小時候怎麼吃都不會胖）但年紀大了，生小孩後，真的好打擊自信啊！我也有經歷一點「產後憂鬱」的時候，面對產後身材的改變，真的花不少力氣去運動保養。

也聽到很多女性因為照顧孩子、旁人給予的壓力造成的不快樂……

常遇到很多讀者的問題，總是想問問：「**你的快樂是來自別人，還是自己**？」

其實，你所羨慕的人，也一定有缺點或不美好的那面，我們看的也是表面。你不需要 copy 別人，而是活出自己、自在開心，這樣的你才會自信有魅力！

年紀漸長，發現**女人的快樂來自於豁達與自信**，豁達是接受生活中的不美好，換個心態去面對。自信是面對不完美的自己，努力去提升、追求更好！

美不一定有固定的標準，適合自己才是最重要的！

還有，愛你的男人才不介意你多了兩公斤。沒有自信，瘦到四十公斤也不會美啊！

我不會說外表不重要，但你的個性、你的靈魂，才是別人能真正喜歡你，願意與你相處的原因。

與其說羨慕，不如改正心態，試著去欣賞！別人有他的美，你也有你自己的美。她的美放到你身上不一定適合，如果要你過

著那些追求極致的美女的生活，你可能也不快樂。

美麗的人或許容易吸引到愛情，但真正過得幸福的人，不一定是靠外表。不是嗎？

原生家庭讓你失去愛自己的能力

我心疼那總是沒自信的朋友，他們對父母充滿埋怨和恨。
說著：「我以後不要成為像我爸媽一樣的人！」

我發現很多人無法好好愛自己，是來自於原生家庭的影響。我有個朋友，長得漂亮、條件好，瘦到只有四十五公斤，但她總是沒自信，說自己腿粗、哪裡胖（不是假裝的，是真心沒自信），朋友們總是不解，她說，因為從小媽媽就嫌她胖，不讓她穿短裙。

也因為沒自信，總是遇到會嫌她、不尊重她的男人，戀愛總是很坎坷。明明是個樣樣好的女生，卻總是看扁自己。

有另一個女生朋友，因為家庭不幸福，爸爸外遇，媽媽忍耐說是為了小孩，但從小到大總是不斷跟她抱怨爸爸，跟小孩發洩自己的怒氣。她恨媽媽不敢離開，情緒勒索他們，讓他們變成不幸福婚姻的犧牲品。她總說：「我們小孩其實小時候就很希望爸媽離婚，不願離的是他們。」

爲了逃離不幸福的家庭，她很早就奉子成婚，離開家庭想要擁有自己的家。但另一半外遇了，她說不知道該怎麼辦，小孩還小只能忍耐。但是她痛恨自己跟媽媽一樣，她並不想複製媽媽的人生，但卻還是遇到跟媽媽一樣的問題。

　　看到很多故事，我不禁覺得，父母對待小孩的方式，也會影響他對自我的認同、他的感情和人生。

　　如果父母總是限制、否定、嫌棄自己的孩子，他會變得沒有自信。就像那四十五公斤還覺得自己胖的朋友，她總覺得自己不夠好、沒價值，不值得更好的感情。談到這個例子，有很多人告訴我，他們從小也是被爸媽嫌到大，什麼做不好就否定、拿來跟別人比，在父母的教育下變得沒有自信，以致於成年後要花更多力氣去找到自信心。

　　很多人問到要不要爲了小孩忍耐不幸的婚姻，我都會回答：「請做小孩最好的榜樣！」你做什麼選擇、過什麼生活，就是小孩的榜樣，未來他會學習你，甚至複製你。如果你忍耐不幸，小孩就學會忍耐，你活在負面情緒中，小孩就無法樂觀，你讓自己受委屈，是不是也讓小孩學會，未來遇到不幸也要委屈自己？因爲媽媽也是這樣過來的？

　　父母如果沒有做好「榜樣」，孩子會學你，甚至複製你的惡行或不幸。離婚並不一定會對小孩造成不好的影響，而是沒有

愛的家庭、每天爭吵的父母、悲傷的母親，才會對小孩造成負面影響。

那些會跟孩子說：「再老就嫁不出去！」告訴孩子不要挑的父母，等於告訴孩子：「你沒價值！你沒人要！」

要孩子忍受不平等待遇的感情，也是告訴孩子：「你不值得更好的！」

要孩子接受命運，也是對他說：「你無法努力翻轉！」然後，他就不再努力了。

要小孩走自己既定的路，不讓他做自己，也是否定他的決定：「你選的一定是錯的！就是得聽我的！」未來，他將活在「無法做自己」的痛苦中。

很多時候，原生家庭給孩子的價值觀，往往就是一輩子根深蒂固的。這也是為什麼很多心理學相關的書，都會講到原生家庭的創傷。

寫到這裡，我很感謝我父母，培養我獨立的性格和滿滿的自信。所以我不管遇到什麼事都相信自己值得好的愛情和人生，然後為自己要的生活努力而不是去依附。

即使我比較胖時，我媽從沒說過我胖，也不會要我遮掩自己，而是儘管去打扮！她也從不叫我結婚，不用世俗眼光要求我，不給我任何壓力。所以我從不是個一天到晚嫌自己哪裡胖、哪

裡不好、怕沒人愛的女生。就算我要辭掉工作當作家，他們也都支持我的決定。仔細想想，我真的很為自己而活，父母不會干涉（其實也管不了我的決定），所以這一點我真的很感謝他們！

我心疼那些總是沒自信的朋友，也為那些渴望愛的人難過，他們對父母充滿埋怨或恨。還有那些說著：「我以後不要像我爸媽一樣」的人。

現在有了孩子我更懂，身為父母，不只是給予生命，而是造就他們的人生。

我們不能挑選父母、無法改變原生家庭，那麼，當我們成為父母時，更要知道自己的影響力。我想，這是我們可以做到的！

Part **2**
你也曾用錯的方式
愛自己嗎？

不買的快樂！
學會不被物欲控制

以前覺得一定要買到什麼才會快樂，
現在卻覺得，不一定要買，單純欣賞也很快樂。
最大的改變是，我發現我的快樂不是非要擁有什麼，
我的幸福感也不再來自物質。
「有」或許很好，但「沒有」也很快樂！

　　年紀漸長，我發現自己有一個很大的改變，就是物欲變低了。
以前我很愛買東西（誰不愛買呢），為了慰勞自己工作辛苦，
收入比較好一點之後，大概一季會買一個名牌包給自己（其實
跟很多愛買的女人比也不算多吧），但過了這麼多年後，我發
現有一半的包包其實我都沒背過。

　　結婚後，我大概兩年才買一個名牌包吧，相對少了。也沒有
像以前一樣這麼喜歡購物了，怎麼會有這麼大的轉變？我想是
我對物質的渴望變低了，物欲低了，就不會這麼喜歡買名牌。
當然，人不可能沒有物欲，不可能不想買東西，我還是會買，
但是大多買家用品、小孩的東西，自己的就會多想想。

以前看到廣告圖片最新款、現在最流行的是什麼，就會好想買，非要買到它！但是，現在看了看，覺得很美，雖然也會想擁有，也沒有非要不可，抱著純欣賞的角度也很好。看一看櫥窗、廣告上漂亮的東西，覺得心情愉悅，這也很好！

　　喜歡不一定要得到，得到的快樂時間可能也沒這麼久，物欲的渴望降低了，我反而喜歡這樣不被物欲沖昏頭的自己。

　　FB跳出四年前，我懷孕前在法國長達兩週的旅行，沒想到那一趟我居然「零購物」，一點也不誇張，一件衣服、一個包包、一雙鞋都沒有買，完全沒有逛街的念頭。怎麼會這樣？

　　那時自己也很訝異，以前的我，出國旅行大部分的時間都是在逛街、購物，看到百貨公司、精品店都要逛，買到怕行李超重，退稅單都厚厚一疊。

　　但那一趟旅行，我只買了些食材、紅酒，沒有逛街，走進百貨公司也只去超市。和另一半從巴黎到香檳區、波爾多、布根地、隆河……租了車逛葡萄園，到市集尋寶，在老城橋上散步，欣賞隆河夜景，到露天市場買了好吃食材自己煮，爬上山坡一起看風景，在每個古城散步讚嘆美麗的老建築、在露天座位晒著太陽喝著冰涼的白酒。

　　突然發現，旅行的意義，不只是帶了滿滿的戰利品，而是腦海裡裝了滿滿的回憶。

結婚八年了，這些年的旅行，我從不逛街會生氣（丟包老公都要逛街），變成可以買也不太想買。精品包包以前一季買一個，現在幾年才買一個。

我也很驚訝，我的物欲降低了。我不會說我沒有物欲，但我的快樂已經不是一定要擁有什麼才會快樂！

我也喜歡美麗的東西，誰不喜歡呢？但比較起來，我更珍惜那些金錢買不到的東西。旅行的時候，我想花更多時間在累積美好生活的回憶。如果可以選，我也願意花費在家庭、孩子上更多。

說到愛自己，很多人會以為花錢、購物就是愛自己，也可能是廣告的手法吧！當然這也沒錯，我們愛自己的方式，某種程度也是需要經濟層面的支持才能達到，很多消費都是需要付錢的。但是，一直強調要花錢做什麼才是愛自己，甚至超出自己能力去負擔，過度消費，我覺得這並不是愛自己。

當然，每個人愛自己的方式不同，也沒有對錯，只是重視的東西不同罷了。其實身為名人，我一直小心避免不要有刻意炫富的行為（當然我也不算富有），有的人會一直秀名牌、不斷曝光消費力，買什麼都要讓大家知道。我覺得多多少少會影響

到很多還沒有判斷力、消費力的年輕人，以為這樣就是成功、受歡迎，而影響到價值觀，或想用捷徑去獲得財富。

或許我想太多了，但我還是不想讓自己成為消費推廣者。我相信消費物質是一種愛自己的方式，但我更希望不一定需要透過物質，也能同樣的愛自己，而不覺得缺乏。

這些年我物質上不一定擁有很多，但卻覺得內心越來越富足！有人說，沒有會不快樂，但我發現，欣賞也很快樂，欣賞也不一定要擁有啊！

不管是對物質，還是對人、對感情，一定要「有」才快樂嗎？人生每個階段、每一個人，都有不同的快樂。沒有好壞、沒有高下，只有接受自己，珍惜擁有的。

年輕的我也不可能了解現在的我，怎麼可以旅行零購物還這麼快樂？我當然知道購物很快樂，但創造美好的生活，更令我快樂。

或許，有了孩子後，現在比起以前更辛苦、顧慮負擔更多了，現在問我快樂的祕訣是什麼？

欣然接受，學會欣賞，懂得放下，活在當下。

然後你會發現，你將不再被慾望所控制，而能掌握自己的心。「有」或許很好，但「沒有」也很快樂！我想，這也是這些年來，我真正學習到「愛自己」的收穫吧！

我喜歡變老的自己

我大概是少數喜歡變老的自己，覺得自己年紀大了比年輕時更好的人吧！

我不喜歡懷念、感嘆過去，而是永遠喜歡當下的自己！

遇到十幾年前曾一起工作過的人，他說看到我這樣笑笑的模樣，個性跟以前一樣沒變。

我發現，心境真的會影響樣貌。就像大家說，我爸怎麼七十歲了看起來還這麼年輕？他也沒保養，單純只是心情愉快、個性樂觀，常笑自然就顯得年輕快樂。

以前我沒感覺，但隨著年紀增長，看得多了，真的發現一個人的心境、內在、個性、生活對一個人有很大的影響。他怎麼讓自己活著，就會變成那個模樣。相由心生這句話真的蠻有道理的。

朋友今天跟我感嘆，一個人的快樂是不是發自內心，還是只是表面的快樂，真的不一樣。

年輕時，看的美是表面的，變得更成熟後，你看到的美，是深層的。

就像以前你可能喜歡外表好看的，後來發現他的腦袋、個性、

品味更吸引你，心地善良或認真努力……這些特質會讓你更覺得美、更覺得可貴。

如果只是因為怕老、嫌老，或否定變老、年紀增長這件事。那就枉費你經歷的歲月了。

我很享受年歲增長的過程，感覺自己每一年都有成長，這就是歲月的禮物，所以每年都很開心迎接自己生日，也不避諱年紀，更不覺得老是一件不好的事！（我還滿心期待未來當個快樂逍遙的歐巴桑呢！但還是愛漂亮愛打扮的唷！）

雖然可能胖了、代謝差了，體力沒以前好了，皺紋變多了、膠原蛋白少了……但，還是喜歡現在的自己。問我想要回去哪一段過去，NO！都不想！

無論好與不好，接受現在的自己，努力活成自己喜歡的模樣。不放棄自己、不傷害自己，也不委屈自己。

然後笑一笑吧！你的笑容是釋懷、是放開，是發自內心的快樂，是笑看人生的豁達，也是來自你的愛和溫暖。

敬過去到現在，一起努力過的自己！

愛自己，
不是為了得到愛情

愛自己並不是「只」愛自己，
而是從自己出發，再去愛人。
不管有沒有人愛，你都有愛的能力。

　　從 2011 年出版《愛自己》這本書，我一直覺得愛自己是一種人的基本能力，無關愛情、婚姻，而是對自己的責任。對自己先有愛，你才有能力去愛，才可以去付出愛。否則當你不愛自己時，不僅無法真正快樂，也無法付出真正的愛。

　　常聽到有人解讀愛自己是「自私」，好像愛自己就會不小心變成了負面的意義。其實每個人的解讀和想法不同，有的人可以往正面的角度去發展，有的人會往負面的角度去思考。自私的人，他只愛他自己，對他來說，愛自己就變成了自私。所以，每個人價值觀不同，思考的角度、看世界的方式自然會不一樣。但我認為，愛本來就不該是負面的，不是嗎？

　　愛自己，也不是為了得到愛情。難道不談戀愛，你就不需要

愛自己嗎？我覺得愛自己，是擺在愛情之前，單身的時候，才是你應該好好愛自己的時候。

充滿愛的人，自然會吸引更多美好的事物來到你身邊，其實不一定是吸引力法則，而是，同樣的事情你會看到好的那一面，即使遇到不好的事，你也會找到陽光、找到出口。

當你有愛的能力，內心是豐盛、美好的。你才有能力去愛人、去付出。當你愛惜自己、尊重自己，自然不會接受那些不珍惜你、不尊重你的人事物。（請走開，謝謝！）

····················♥··················

愛自己，也不是為了讓別人更愛你。而是你懂得自己的價值、活出自己的價值，不管有沒有人愛，你都有愛的能力，活得充滿愛。而不是誰不愛你了，你就失去了愛。你不會乞討愛、等待愛，沒人愛會死（即使那根本不是愛）。

若不愛自己而去愛別人，那只會是傷害，你們都不會快樂。

任何人都不願意跟一個不愛自己的人在一起，那是感情勒索。當你懂得先愛自己，才有能力去愛人、去付出。你會在「愛自己」和「愛別人」中取得一個平衡點。

就像我寫過的，你能一個人快樂，兩個人在一起才會快樂。

很多人會認為，結婚以後才會有人照顧、生小孩老了才有人

照顧，我很納悶，難道你就不能照顧自己嗎？

我們都要把自己照顧好，在這個年代，沒有人可以保證永遠愛你不變、也沒有人一定可以依靠一輩子。我們唯有把自己照顧好，會自主、能自立、有自信，你才有能力去選擇、去愛、去過你要的生活。而且，不會造成別人的負擔。

當你能一個人也過得好，又何必為了沒有質感的愛情浪費時間，為了不一定得結的婚委屈忍耐？

無法給自己愛的人，活得太辛苦！總是希望別人愛他，得不到了、失去了，就一無所有。

愛自己並不是「只」愛自己，而是從自己出發，再去愛人。

不管有沒有人愛，你都有愛的能力。

姐姐真心話，如果有任何一個人、一段感情，讓你自我貶低、沒有自信、糟蹋自己、懷疑自己、不再進步……相信我，那就是孽緣，趕快了斷就是愛自己。

即使離開一段關係，不會讓你枯萎。即使沒有愛情婚姻，你還是能讓自己幸福。

一個人的孤獨，
勝過兩個人的寂寞

因為害怕一個人，所以找個人來愛，
結果只會更加寂寞。

　　常聽到很多人會覺得一個人很可憐，很不喜歡單身狀態。常遇到生活過得挺好的人，總哀怨自己可憐：「好可憐，老是一個人吃飯。」「我好孤獨，一個人旅行沒有伴。」臉書每天充滿負能量。

　　我反倒覺得，一個人吃飯很好啊（有了小孩後，安靜的獨處多奢侈），一個人旅行我超愛（現在能嗎？可能要等小孩長大了）。

　　我都會說：「一個人很自在啊，單身更要好好享受、好好把握，說不定你以後會懷念起現在呢！」

　　不管單身還是已婚，我一直都很享受獨處的時光。我認為獨處是人生中最快樂的事情，第二才是有伴。

　　看過很多無法獨處的人，凡事都要依賴別人，只要身邊的人

一離開就感到不安。

他們就算有了伴也不會快樂，甚至讓跟他在一起的人也不快樂。

常覺得自己可憐，談的戀愛只會讓你更可憐。

很多人害怕寂寞，覺得孤獨很可憐，拚了命要找一個人來陪，結果都只會更加寂寞。

如果只是為了脫離單身、想要人陪、想談戀愛，而急著去找對象，為了結婚而結婚，將就來的通常都不是好緣分。

我看過很多急著想擺脫單身的人，急著想要結婚，但是後來的婚姻都不太幸福，覺得生活過得不好，想要靠婚姻翻身？改變命運？最後可能只是從一個坑跳到另一個坑。而且還很難跳出來！

曾經在書中寫過一句話：「一個人的孤單，勝過兩個人的寂寞。」自己孤單其實還好，不過是強說愁。但明明有個人在一起了，躺在身邊了，還覺得內心寂寞空虛，那才是最痛苦的事吧！不是嗎？

有的人，不管做什麼都覺得自己委屈、可憐，沒人對他好，看世界的角度好悲觀、看人的角度很負面。其實，他們就算有了人陪、談了戀愛，也會愛得很可憐。

因為跟他在一起很累，因為他總要對他好來證明什麼，不容

易滿足，甚至想控制對方。想要從對方身上得到很多愛，但對自己卻沒有愛。

心靈的空虛，不是靠別人來填滿，安全感，也不是靠別人來給。而是先學會豐富自己的生活，精采自己的生命，你才能在遇到你愛的人時，與他分享你的美好。

如果你是空虛的，只希望對方填滿你的生活，滿足你的需求，最後，你們都會很辛苦，永遠不滿足。

即使在一起，也彼此保有獨處的時間和空間，不必隨時黏在一起，你也不會不安、保有信任、互相尊重，我覺得這才是比較成熟的愛情。

在獨處的時候豐富自己，在相處的時候豐富彼此，我想，這才會是 1+1>2 的愛情。

愛情不能拯救你，婚姻不能完整你，唯有先把自己過好、顧好，活得好，你才會遇見更有質感的愛情。

而且，就算沒有愛情又怎樣？

你也擁有了更好、更有質感的人生了啊！

在愛情之前，好好享受一個人吧！能自在享受獨處，你才能快樂的與對方相處（尤其是當了媽後，獨處是奢侈，孤單是美

好，一個人好可憐？才不，超快樂的！拜託給我十分鐘一個人的時光！）

真正的愛，
讓你無所畏懼

當你和一個人在一起，
你很肯定他喜歡的是「你也喜歡的自己」，
這是最美好的狀態！

　　女生朋友說：「你幫我寫一下，奉勸女生千萬不要『假會』（台語發音）！」

　　「什麼意思？」

　　「就是不要為了愛情，假裝自己會、假裝喜歡，甚至扮演對方喜歡的角色，不是真實的自己。」

　　她說，婚前到男友家，為了討好對方家人，假裝自己超喜歡洗碗，搶著洗，說自己潔癖看到碗不洗會難過（其實她超討厭的）。

　　結果結婚後她就順理成章的成為家裡洗碗的人，跟婆家住的她，每天下班回家，要洗公婆早餐午餐留下來的，再加上晚餐的碗盤，大家理所當然覺得是她的責任，沒有人要幫她分擔。

她每天都過得很不開心。除了洗碗外，其他家事也大多落到她頭上。

「只能說我婚前演得太好了，現在很後悔。」她哭笑不得。

說到假會，其實大家或多或少都會為了愛情去討好對方、讓對方喜歡自己，做一些「自己不喜歡，但還是要假裝」的事。或去演一個對方喜歡的男友／女友，但不是真正的自我。

譬如說，我以前很愛演大方、裝沒事，但其實心裡根本很在意。或是假裝原諒對方，但其實自己很不開心。

回到朋友的例子，因為想要得到別人認可、喜歡而去付出，我們多少都有過這樣的經驗。但現在我會說，量力而為，不用太刻意。當然也不是都不付出，而是你做任何事都要自己甘願開心。

其實，愛你的人並不會因為你刻意討好才愛你。相反的，不夠愛你的人才會跟你計較付出，才會要求你變成他要的樣子。

有朋友說：「演得太好，以後就要一直演下去。」

「也不一定，很多人在追求你、結婚前是一個樣，之後又是一個樣。」你說他為什麼變了？其實他只是做回自己（露出真面目），因為他不想演了。

什麼樣的愛情最舒服？我想就是，你喜歡的是「我也喜歡的自己」。

如果為了得到愛，而討厭、懷疑、委屈自己，忍耐得來的也不是真愛。只有你真心去喜歡的，才會長久。

問一問自己，你也可以在對方面前誠實的、舒服的，做你喜歡的自己嗎？

你也會怕別人不愛你，而習慣去討好嗎？

有朋友說：「以前愛得很壓抑，怕他不愛我，怕他生氣、怕他嫌我哪裡不好，怕他會喜歡誰……後來才發現，活得心驚膽跳，失去自信，這並不是愛！」

「我覺得真愛是無所畏懼，當你和這個人在一起，可以自由的展現自我，你才能真正感受到愛。」

讓你自在的做自己，讓你的內心感到自由、開闊而不是膽怯、壓抑，或是討好。

你學會愛自己，也 100% 相信他也這麼愛著「你所愛的自己」。這真的是很難得的幸福！不害怕去當一個不完美的人，不害怕你胖了、醜了、老了，你有不少缺點，但你有自信在他的心裡，你還是那麼可愛。

長久相處的感情能接納彼此的缺點，鼓勵彼此的優點，接受彼此的一切。真正的愛，讓你真實做自己，踏實去愛人。

我們擁抱彼此的缺點，鼓勵彼此的優點，接受彼此的一切。

真正的愛讓你真實做自己，踏實去愛人，去做一個你最喜歡

的自己！

　　至於要不要「假會」？我覺得違背自己心意、不是你真正喜歡的事，還是不要去演。或許你會為了愛他而去做，但請不要變成單方面、超出你所能的付出。

　　你可以對他好，但也請不要忘了愛自己！

不必往外求的，才是真正屬於你的

常會聽到有人問：「遇不到對的人，好茫然。」我常回答這個問題，但我真心覺得，重點不在對的人，而是自己。

直播時有聊到，其實**愛情、婚姻，都只是附加的，最重要的還是你自己**。如果你自己過得不好，遇到的愛情也都不會是好的。你們的問題沒有解決，結婚也只會增加更多的問題。你不愛自己，談的戀愛只會讓你更討厭自己。

愛情和婚姻向來不是拿來拯救你的，想要求一段感情、婚姻，來拯救你的人生，這個賭注太大！

總是覺得自己很匱乏而向外求的，往往最後才發現，太怕失去，太常失望，最後失敗。

我也曾經歷過，因為怕失去而談的感情，讓我受盡委屈，因為怕孤單而將就的愛情，最後只是更寂寞罷了。因為不懂得自己要什麼，只是想談戀愛，只是消耗自己。於是我懂了，因為自己沒有而向外求的，都不是真的屬於你的。

難道他不愛你，你就不值得被愛了嗎？
他不養你，你就活不下去嗎？
他不給你名分，你就什麼都不是嗎？
為什麼你的自信和自尊，要靠別人給你？

只有認真看待自己，把自己的生活過好、狀態調整好，不覺得
匱乏、不害怕、不急、不缺，你才不會失去平衡。看待感情時，
才不會把它當成溺水的浮木，狠狠抱住。（越急著找浮木，抓
到的都是爛木頭。）

期望愛情來拯救，不如先把時間力氣拿來豐富自己。

你會知道，有愛情、有婚姻，真的沒什麼。重點是，你談的戀
愛有沒有質感，你結的婚是不是真幸福。你在戀愛、結婚後，
有沒有成長？

能將自己過得好，你談的愛情自然不會差，對自己有足夠的愛，
自然不會讓不夠愛你的人來浪費你的時間。

不要去跟對方要愛、要安全感、要信任……要來的、逼來的、
求來的，都不是真的。而真正屬於你的，根本不需要去外求，
也不用愛得這麼累！

曾在書中寫過：「愛情不是雪中送炭，而是錦上添花。」願我
們都能好好先愛自己。

找對的人，先成為對的自己！

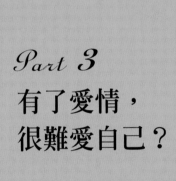

Part 3
有了愛情，
很難愛自己？

因為個性契合在一起，
卻因個性不合而分開

愛上一個人時，你欣賞他與你的不同，
但在一起之後，卻希望他變成跟你一樣？

在直播聊到「個性不合」這個最普遍的分手理由，有朋友問：
「為何有人交往多年，甚至結婚生子，才發現個性不合呢？」
真是個好問題，我也一直很想知道。

「應該是因了解而分開吧！」所以是因誤會在一起嗎？也不
是吧！

網友說：「因為不愛了！愛的時候是優點，不愛的時候就變
成缺點！」

也有不少人說：「因為相處、生活上的摩擦、現實的考驗，
吵架吵久了，不再溝通了，就越來越不合。」

我深深認同生活上任何小事都會磨損感情，結婚後還有家人
好不好相處、婆媳問題。有了小孩後，更是一面照妖鏡，照出
對方是不是豬隊友？（所以沒小孩的夫妻感情會比較好嗎？）

想想，我以前也常誤以為跟對方很合，交往後才發現其實不合，這眞的要經過相處才知道！

還有一個原因就是：「不想裝了！」在熱戀期，大家爲了追求對方，都會投其所好，會去演、假裝，讓對方喜歡自己，但那其實不是眞正的自己。

假裝有耐心、假裝食量小、假裝專情、假裝賢慧……但交往久了，大家漸漸就不演了，不是嗎？

人都會變，別人會變，你也會變，如果兩個人步調不一致、興趣不同、沒有一起成長了……慢慢就會漸行漸遠。感情經營，眞的不容易啊！

「那你覺得兩人個性互補好，還是相同好？」

朋友聊到：「當你喜歡對方時，他有你沒有的特質，你會覺得是互補，甚至著迷於雙方的不同。但爲什麼在一起或結婚後，就會拚命想把對方變得跟你一樣呢？」

這眞是個好問題，有趣的是，人往往受到彼此的差異吸引，但最後討厭對方的原因、讓感情失敗的原因，也多半來自彼此的差異。

當初喜歡他幽默風趣，後來討厭他油腔滑調。

以前欣賞他細心體貼，後來覺得他龜毛囉嗦。

本來喜歡他的不拘小節，久了又抱怨他粗枝大葉。

還有更多……

朋友說：「也是因為不愛了，優點就變缺點，順眼變不順眼！你看那些怨偶，以前不也都很相愛？」

但我好奇，想要把對方變得跟你一樣，那他還是當初你所喜歡的那個人嗎？還是，你只是喜歡想像中的他？或者，這是我們的自私？希望對方照著我們的期望走？

很多感情的問題，都是我們不能接受彼此的差異。但我認為，除非這差異大到你三觀無法接受，感情走不下去。否則若不是大問題，何不試著去接受、欣賞彼此的差異呢？

沒有一個人是為你量身打造的，也不可能只有優點沒有缺點。總是把缺點放大，兩個人都辛苦。

想想他當初吸引你的是什麼？老實說，沒了差異，變得跟你一樣，或許才會更痛苦。譬如說跟你一樣細心（龜毛）、譬如說跟你一樣愛唸（壞脾氣）……

你覺得互補好？還是相同好？

為什麼愛上一個人時，你欣賞他與你的不同，但在一起之後，卻希望他變成跟你一樣？

我覺得能長久相處，要欣賞差異、接受不同，彼此都不勉強對方。愛才能輕鬆自在，舒服長遠。

只要是正緣都會很順

到了一個年紀、有了一點經歷，你會知道，爭吵不休的愛好累，
而你已經無法這麼累了。

「只要是正緣都會很順，不是正緣就會有很多困難。所以我們
要放寬心，不要有太大的得失心。」

那天跟朋友聊天，突然講了這句話。想一想，也是經歷許多血
淚史才有的心得吧！

朋友的感情卡關，不知如何解決兩人的問題，我說先釋出善意
溝通，再看溝通的結果吧！

她說：「我也看開了，不要患得患失，先過好自己的生活。」

觀察過身邊朋友的愛情，如果是正緣，通常都很順，如果不是，
也通常會有很多問題、很艱難，要花費很大的力氣和時間維持
感情。

什麼叫做不是正緣呢？

個性觀念差距太大，總是爭吵，很難改變……
家人問題造成感情問題，又無法去改變家人……
對方異性緣太好，沒有界線，總是聯絡前任、關注美女、曖昧
不明……

對未來想法差距太大，步調不一致……

（以上我幾乎都遇過）

其實很多時候，我們內心也知道答案，只是不想承認，於是努力矯正。但愛得太辛苦，最後都變得不是自己了。

直到正緣出現，你才會恍然大悟，原來這才是真正的感情！我以前到底在幹嘛呢？

後來你才知道，那些讓你愛得痛心疾首的，不能在一起，都是好事！

你有沒有過一段愛情，讓你刻苦銘心、心痛淚流，明明這麼愛，卻滿身是傷，為了他你付出太多，太過努力，卻無法幸福…於事你總是想起，抱著懷念、遺憾……

其實，理性想想，不能走到最後，沒有結局，都是好事，都是天意。

或許有一天你遇到了讓你情緒穩定、舒服自在、踏實真誠的人，你才懂，**那些傷、痛，都只是告訴你他沒那麼愛你，你們不適合，只是你不想承認。**

真正的愛，不會讓你受傷。

真正愛你的人，才捨不得你淚流。

即便，你多努力的得到你要的結局，可能是終於在一起，可能是婚姻，你綁住了他。但，你也無法真正幸福。

你有談過那種戀愛，是每天吵架的嗎？
你有遇到那種對象，讓你自卑懷疑的嗎？
你有跟一個人在一起，就會失去自我嗎？
你有為了想要的關係，而每天忍耐嗎？

有一種愛情，是無法一起生活的。

我們都想騙自己，這就是真愛。但其實只有你自己愛。

到了一個年紀、有了一點經歷，你會知道，這樣的愛好累，而你已經無法這麼累了……

你已無法提心吊膽、慌張害怕的去愛了。
這樣的生活，不如不愛。

你不再需要可歌可泣、要死不活的愛情。
你只想要，心靈平靜。

何必愛得這麼累？還深陷其中的朋友，早日放下，回頭是岸。

遇到好伴侶，靠運氣還是眼力？

有些人看到別人過得幸福，就會覺得：「他只是運氣好，遇到好伴侶罷了！」但遇到好的另一半，在一起過得幸福，真的只是運氣好嗎？我不這麼認為。

「遇到好的伴侶，到底是靠運氣，還是靠自己的眼力？」

朋友感觸聊到很多從前愛得激烈、婚禮盛大的藝人最後離婚，還有身邊不少愛得火熱，卻突然翻臉離婚的故事。她說：「婚姻也太不可靠了，還是單身好！」其實單身挺好的，這點我認同。

但靠運氣，還是靠自己的眼力？我覺得都有，但自己的眼光還是占比較大的部分。

「可是，那些離婚的，當時也是很好、很相愛啊！他們也覺得伴侶是對的人啊！」

「我覺得，婚後的相處，有了孩子後的辛苦、摩擦，生活的考驗，都會造成變化。而且，人是會變的、感情也會變，這都是浮動的，不是結婚就保證幸福快樂。」

「對，還有現在誘惑也很多。哪來這麼多婚外情啊！」難怪朋友會恐婚。

以前不懂，會覺得別人的幸福是運氣好，但現在發現，這是需要多好的判斷能力、多大的努力，去經營感情（還有別忘了要經營自己）。

兩個人在生活各種磨練下，吵架後和好，還能攜手共同走下去，這真的不是運氣而已。

沒有一種幸福的關係是擺著就好，也不是永遠都是你贏。

「所以，**是運氣、眼力，還有努力！**」朋友很會整理重點。

「但我覺得最重要的，還是相信自己有**選擇的權利**！」

要與不要？你的人生，你可以自己做主！

或許運氣真的有，但是自己的選擇和經營感情的智慧，才是能不能幸福的主因。

吵架後看人品和修養

願意先和好，願意先低頭，
是比較懂得珍惜感情的人。

聊到「吵架」這個話題，總是引起熱烈討論，很多人都有切身之痛，談戀愛、結婚怎麼可能不吵架？但吵架才能真正看出對方是怎樣的人。

相愛時都沒事，吵架才見真章！

有女生朋友跟男友在車上吵架，男友竟然叫她滾下車，可是他們當時正開在山路上，他也不管女生安危，就叫她下車。女生驚慌失措不知該怎麼辦，後來男生開車繞回來了，結果卻是要把女生的包包丟給她，然後再度開走。真的超沒品！這沒當場分手還對得起自己嗎？

這種生氣時不顧對方安危，把情緒看得比你的安全還重要的人，真的不能信任。

也有些「恐怖情人」是在吵架時才會現出原形，不要說「冷暴力」，有的真的會動手傷害你、把你家砸爛，甚至恐嚇你、散布照片（奉勸大家沒事真的不要亂拍私密照），在網路上毀

謗你、散布謠言……你一定聽過更恐怖的。

一個人愛不愛你，要看他吵架後對你的態度，還有會不會想辦法解決爭吵的問題。這才能真的看到他的成熟度和修養。因為熱戀時好好在一起都看不出什麼，但是遇到了爭執，才能看出你們適不適合，能不能好好走下去。

我覺得，氣頭過了，願意放下身段、面子，願意和解、認真想解決問題，這才是真愛！

如果只是不斷吵架、發洩情緒，但卻沒有解決問題，那未來還是會為了一樣的事情再吵，這是沒有意義的。

很多人說，冷戰就是「冷暴力」，不願意吵架，放棄溝通，把你當空氣，也是很可怕的。

其實很多人吵架是為了「面子」和一時之氣，拉不下臉，也不想示弱，到最後吵的事情並不重要，已經變成意氣用事，比誰輸誰贏。

總是要爭輸贏，其實是很幼稚的事。贏了之後呢？得到什麼？兩敗俱傷？如果你要的是分手就算了，如果還想在一起，這樣做是不是反效果？

慢慢的你會知道，兩人在一起，輸贏不重要，而是能夠好好在一起。

很多人放不下面子，但面子能吃嗎？能讓你更幸福、對方更

愛你嗎？如果不能，太愛面子的人，在感情上真的會比較辛苦。

　　有時候我也會跟另一半吵架，態度和情緒比較差，尤其覺得有了小孩之後，因為精神上很疲累，所以更容易為了小事想唸對方、吵架。那種累是會讓你的 EQ 瞬間變差，雖然說情緒過得很快，但我也很不喜歡這樣的自己。

　　還好，我們都不是喜歡吵架的人，唸過之後都能很快放下。有人問，有什麼方法可以快速解決吵架？我說：「吵完了，就一起吃個飯吧！」天底下沒有美食解決不了的事！不是嗎？

　　願意先和好，願意先低頭，是比較懂得珍惜感情的人。

　　想罵人怎麼辦？先忍住，思考三秒鐘，真的！你會感謝自己沒有說出口那句話。

同居分手很可惜？

讀者說，跟同居多年的男友分手了，她媽媽知道了說：「同居多年還分手，沒有結婚不是很吃虧？」她不懂吃虧的定義是什麼？

這讓我想到曾有個朋友與交往五年的男友分手，她媽媽勸她不要分：「這樣浪費了五年，不是很可惜？」她神回：「但我不想繼續浪費未來五十年！」

沒有結婚很吃虧、分手很可惜，所以呢？

不覺得這樣的想法很難以理解嗎？明明覺得對方不ok、不適合、不愛你了，還一定要逼著雙方走到最後，一定要走入婚姻，才是不浪費青春、才是給交代、才不會吃虧？

難道，在一起不快樂、婚姻不幸福，也沒關係？

有朋友說：「我媽媽催婚的理由是，**有結婚總比沒結婚好**！我不懂，**難道我就算單身過得再好，都不如早點結婚**？就算老公不好也沒關係？這種活在別人眼裡、價值觀的傳統人生，逼死了多少人？」

「對啊！對我們來說，還好分手了、還好離婚了、還好還單身，才是正解吧！」懂得停損才是聰明人啊！

「但還是有不少人覺得，在一起多年沒有好的結果，很浪費、很可惜。」

可能你會覺得浪費青春，但總比浪費人生好。

如果只是不甘心、太執著，而硬要跟一個不愛你的人在一起、把自己困在一個發爛的關係。那就像食物過期，你卻還要硬吃下肚。

難道不相信自己會遇到更好的、值得更好的人生嗎？

我看過很多這樣的例子，就算對方不好還硬要結婚，他可以給你婚姻、跟你生小孩，他可以嘴上說負責但無法給你幸福，男生繼續過他的單身生活，女生都變成為單親。我常說，**想用小孩綁住男人，綁住的都是自己。**

當然，交往多年的分手或離婚很傷，但你花的時間一點也不可惜，也不浪費。你失去了什麼，必然得到什麼。

如果你不讓自己的「現在和未來」變得比「過去」好，才是浪費了人生、可惜了你曾度過的青春。

最後你才會知道，**最好的結局不一定是相愛而是離開。**

回頭想想，我也曾交往過一些好幾年的愛情，但最後分開了也不覺得可惜。反而我和另一半只交往了半年就決定結婚，攜手度過人生。常有人問到這個問題，我說，因為累積的失敗經驗、年紀也大了，所以才更懂得自己要什麼。（如果年輕的時候我肯定會選錯，所以對於過去我沒有怨恨而是感謝。）

如果你正經歷分手，我可以告訴你：

當下覺得失敗，其實未來回頭看，都是上天的禮物。

不要成為渣男的菜

當你不會游泳，只想隨便找到一塊浮木時，抓到的多半只會是一塊爛木頭。而且即使發現很爛，你還是會緊抓不放……

聊到之前我寫過一篇總是愛上渣男的故事。朋友說她也有位認識十多年的朋友，每一任男友都是渣男，到現在都還是，她的愛情史簡直是悲慘的渣男圖鑑。

我問：「出了什麼問題？為何都愛上渣男？」

朋友說，大概你所能想像的渣男都愛過，想玩玩一夜情的、騙錢的、有家室的、以為玩小鮮肉結果被玩的、暴力威脅到要申請保護令的、精神有問題威脅親友的、做不正當生意還要她加入的、已婚還讓她懷孕被逼墮胎的、被老婆告賠錢的……天啊！講都講不完，我瞪大了眼睛。

「她真的那麼好騙嗎？還是運氣不好？」

「以前我會同情她、想幫她。後來我發現，她自己的問題也很大。譬如說她會私約閨蜜的男友，居心不良。總是吹噓自己能力強獨立創業，但老闆根本不是她。還有最受不了的是，有一天我發現她 FB 上居然寫假學歷是 X 大畢業，屁啦！她根本不是！」

「所以這大概就是,自己搞詐騙,卻遇上詐騙集團的概念吧。」

「尤其是跟已婚的在一起,帶出來還介紹給朋友說是男友,我完全不能苟同!她也交過一個老闆男友,結果男生根本什麼都不是,只是想交有錢女友騙錢,結果發現女生也是假的,也想要他的錢。兩人鬧翻!」

「就是遇到同行了吧!」

「我發現這樣的女生,她們要的不只是愛情,而是對她有利的對象。就像是『XX 我不想努力了』,但心術不正,往往招來的都是髒東西。最後還會因為不甘心,繼續糾纏下去。」

我發現,很多女生會把談戀愛當作救贖,自己過得不好,找個伴來拯救,不想努力了,就把人生壓在對方身上。但往往風險超乎想像。

「這麼多年不想改變,讓自己在一灘爛泥裡,當然只能抓爛木頭維生。為何不試著站起來,讓自己更好?好好學游泳,才不需要抱著浮木不放手啊!」

如果不改變自己,下一個遇到的一定還是渣男啊!

我相信渣男肯定有他的市場,我們要做的不是改變(感化)渣

男，而是避免成為他們的菜，當我們有明辨是非的能力，就算
遇到，也能全身而退。

愛自己就是，不要讓自己成為渣男的菜。

不要為了沒質感的愛情，把自己活成了笨蛋

明明知道他很爛，卻捨不得離開他？

　　我們應該都有過很瞎的時候，愛上一個人就把自己眼睛戳瞎，就算對方屢次欺騙、發現了好多證據，最後都還是選擇原諒，或忽視。

　　最可怕的是，還會自欺欺人騙自己。

　　有些人很難走出「鬼遮眼」的魔咒，不斷分手、復合，任由自己一次一次被傷，甚至卑微的希望對方只要分一點點愛給他就好，沒有名分、不被尊重也無所謂。不敢面對現實，還自我欺騙：「他其實也很愛我，否則不會跟我在一起這麼久」。

　　這種鬼遮眼的症狀到底是怎麼來的？我覺得是因為許多人太怕寂寞、太缺愛，會覺得有人愛比沒人愛好，有人陪總比沒人陪好。

　　有的人是太缺乏安全感，所以遇到愛情就緊抓著不放。有的

人是太沒自信，覺得有愛情就是一種肯定。明知道對方不好，還是堅持去愛。因爲對方對你好一點，就輕易原諒那些嚴重的錯誤。

有時候是太過於習慣，即使不開心也忍受，害怕改變，怕遇不到更好的。甚至有可能是斯德哥爾摩症候群，被害者對傷害他的人產生同情和憐憫：「他沒有這麼糟！」

當局者迷，我們要做的是時時刻刻提醒自己多一點理智，未來才會少一點悔恨和懊惱。

總有人說感情就是睜一隻眼閉一隻眼？不！請相信自己，勇敢把雙眼睜開，才能擁有真正的幸福。

與其怪別人不好，不如讓自己眼光變好！

............●♥●............

常有人問：「男生是不是都喜歡不會太聰明、能力不太強、比較笨的女生？」

有朋友說：「感情裡我都當個被動、裝笨的人，會的也要裝不會，懂的也要裝不懂，這樣比較輕鬆。」

我都笑說：「那是因爲對方不夠聰明，才怕你聰明；沒有能力，才怕你有能力！爲什麼要降低自己的層次去配合、喜歡一個不優秀又怕你太優秀的男生呢？」

要裝笨才有人愛，那你吸引到的也只是笨蛋（因為怕你比他聰明有能力）。

真正聰明、有智慧的人，才怕笨的伴侶。笨可以是情趣，可能是個性糊塗有趣，但不能是真笨！

為什麼有人談了戀愛會變得越來越差、沒有進步，因為伴侶的影響力很重要！如果對方總是希望你不要太好，要你剪斷翅膀不能飛，才能留住你、關住你。這樣的感情談久了，你就會不斷退步。

如果你是個有能力的人，卻要靠裝笨來獲得愛情，那才是太笨！最後可能沒有了愛情，也後悔自己失去太多！

..............●♥●..............

也常有人會問：「談戀愛要假裝，要少付出一點，讓對方多付出，這樣才能得到幸福、有人疼嗎？」

不可否認，感情裡的假裝是一門高深的藝術。但如果我們不想假裝呢？我們就是想要多付出一點呢？

我不認為在感情裡什麼都不做才是聰明，既然如此何必去談愛？

當你真的愛一個人，付出很幸福，但是長久的相處，互相更是幸福！

難道就要因噎廢食，害怕對方不付出，我們就不去主動付出了嗎？我不這麼認為。這是人的問題，不是付出的問題。有的人會感謝，有的人就是不會。

　　當個「裝不會」的女生太累，當個「真的不會」的女生也太有風險了（畢竟你不可能一輩子都要靠別人），與其要在那裡演一齣不真心、扮傻的戲才能得到愛情。不如找一個能真心欣賞你、珍惜你，可以跟你一起分擔的伴侶吧！

　　為了沒質感的愛情，把自己活成了笨蛋，才是不值！

女人啊！不要活得像間諜一樣

朋友說，幾個朋友會討論「**侵害配偶權**」，因為常偷看老公的手機，檢查是不是和女生太過親密、蒐證，活得很痛苦，搞得像間諜一樣……

真的抓到、蒐證到，就可告小三侵害配偶權，然後呢？老公被原諒，繼續沒事，小三賠錢人財兩失。更爛的，男的還可轉作汙點證人，作證是小三勾引他！

朋友說：「這些男的也很奇怪，明明在外面玩不給老婆面子，但又不願意離婚，到底為什麼？為了小孩？為了形象、面子？還是兩個都要？」

「當然不離婚啊！因為老婆什麼事都做，家事育兒，還賺錢養家，顧公婆，去哪找這麼好的？小三會做嗎？」

就像我之前寫過，**這樣的男人要的，一個是功能性（老婆），一個是性功能（小三）**！如此而已。

老婆一旦原諒了，之後是不是要一直原諒？為了家庭的完整？我在網路上看到有人分享，男方外遇又家暴，老婆為了孩子死守，結果兒子交一堆女朋友學爸爸一樣亂玩，反正女生會原諒嘛！（像他媽媽一樣）那，如果是女兒呢？遇到不幸，也要跟媽媽一樣學會忍耐嗎？

其實，「身教」是影響最大的教育。

女人啊！不要再活得像間諜一樣，整天懷疑、擔心、自我否定，為了不忠的男人把自己過得像瘋女人一樣。愛玩的就是管不住，不珍惜的就是改不了，還要等他玩爛了一身病再幫他推輪椅嗎？

難道你們不知道人生還有更多選擇？二婚都會嫁得更好、離婚後的女人都會變美，過得有多好！（其實我想寫「爽」這個字！）

把重心放回自己身上吧！

讓自己活得更好，好到沒有男人不會死，沒有婚姻也不怕。對自己有自信，他離開你，那是他的損失！

選擇權在你手上。不要為了一個爛人阻礙自己的美好人生！

不小心成為小三怎麼辦？

愛自己的女人，不屑當小三！

收到幾封來信，都是小三的求救信。她們在不知情的狀況下被騙，或被已婚男追求成為小三。最痛苦的是，她們覺得難以離開，男方也不可能為她離開家庭。

我知道，看到這裡你一定很憤怒，好手好腳的為什麼要搶別人的另一半？不小心成為小三還不快逃？等著被告、人財兩失嗎？

我覺得最可悲的是，當你奮不顧身的愛一個人時，他卻沒你想像的那麼愛你。

他如果真的愛你，怎麼會一邊結婚生子，一邊敷衍你？怎麼會承諾拋家棄子，卻一拖好幾年，還可以跟正宮生小孩？怎麼會讓你見不得光，愛得這麼沒尊嚴？

他說的愛不是愛，給的也不是愛。因為他根本不愛你啊！**你只是個好利用的備胎而已。**

你知道你做的事很不應該，甚至認命當小三，承受孤獨與痛苦。你說很愛，所以離不開，不管別人怎麼勸。

但，那是愛嗎？還是不甘心？占有？其實你真的很不愛自己。

很多人離不開，是因為真的愛上了，對方也愛他（不管是不是

真的，至少表現的是這樣）明知道是錯的，但還是一次次心軟。

不離開是不可能得到幸福的！就算你搶到了，你能每天睡得安穩，不怕自己也成為前任嗎？

好好想清楚你要的人生是什麼吧？你可以愛得有尊嚴、有名分，可以跟一個真正愛你、給你幸福的人，創造你要的未來。如果他真的愛你，請他真的恢復單身再來說吧！

我很心疼在錯愛裡傷害自己的女人，愛錯了沒關係，最怕明知是錯，還錯下去！

很喜歡一句話，女人要頭腦清醒，才會好命。

愛自己的女人，不屑當小三！不小心成為小三，真的要逼自己清醒離開，要斷掉孽緣，好的緣分才會來。

Part 4

那些傷害你的
人際關係

好朋友也是有效期的

好朋友不一定能同甘共苦，有的能同甘，不能共苦；
有的能共苦，卻不能同甘。

「爲什麼曾經的好朋友，現在卻漸漸沒有了交集？」「朋友
突然冷落我、被朋友誤會，怎麼辦？」「沒想到我把他當朋友，
他居然會騙我、傷害我⋯⋯」

很多人都曾爲了和朋友的關係而困擾，老實說，同樣被背叛，
我覺得被朋友背叛會比被男／女友背叛還難過，你也這麼覺得
嗎？

因爲我們對感情可能會發生的風險，被劈腿、分手，或多或
少都有些心理準備。但是你很少會去懷疑朋友，也不認爲朋友
會騙你，我們不會去防朋友，也比較認同友情是一輩子的、不
會有風險的。所以當友情出現了信任問題，那樣的傷痛，眞的
可能比失戀還難過。

但是，年紀越長，你會發現，友情眞的會變，有些曾經的朋
友慢慢淡了，因爲生活圈、價値觀、交友圈，還有彼此的生活
模式差異太多，就可能漸行漸遠了。

譬如說，有的人結婚生子後，可以約出來的時間不多，就算出來也得帶著小孩，聊的話題也多半是育兒經，這時候，單身的朋友可能比較難約在一起了。

　　有的人因為工作轉換，彼此的發展不一樣了，社交圈和生活圈不同，交的朋友也是不同類型，久而久之，也比較不會約出來了。

　　人都會變，可能你變了、朋友變了，大家就漸漸不常走在一起。其實這都還好，最怕的是會在你背後捅一刀、傷害你的朋友。以前覺得不太可能會遇到，但經歷不少後，你會發現許多人遇到狀況時，還是會站在對自己有利的角度，犧牲友誼。

　　所以很多朋友都會為友情的變化而難過，常聽到朋友感嘆，原本以為是好姐妹、是一輩子好友，沒想到友情比想像中脆弱許多。

　　其實，朋友不一定能同甘共苦，有的能同甘，不能共苦，像是可以一起玩樂的朋友，遇到問題可能就不見了。有的能共苦，卻不能同甘，像是可以一起走出困境，但如果你過得比他好或比他成功，他就不能接受。你也有這樣的感受嗎？

　　有朋友說，當年她因為另一半外遇離婚時，交了一些有類似遭遇的好朋友，大家彼此安慰鼓勵，一起走出陰霾。但是當她遇上了幸福的第二春，過得比較好，當時一起走過低潮的朋友

反而因為嫉妒而不想跟她往來。這就是可以共苦，不能同甘。

不得不承認，有些朋友是無法接受你比他好的（因為他認為他是最好的），當你成功了、得到幸福了，他也無法真心的祝福你。

或許你會難過，但這也是人性，不是嗎？無法留在身邊真心祝福你的朋友，本來就不是真朋友啊！

更多情況是，當你混得好、有利用價值時，會來跟你當朋友、裝熟，但當你失敗低潮了，沒有那麼有利用價值了，他就會很現實的跟你裝不熟。你把他當朋友，但他並不這麼覺得。

你也不得不承認，有些人的友誼是要有「交換價值」的，如果你沒有利用價值、無法在你身上得到好處，他又為什麼要跟你做朋友？

所以，當別人刻意來對你好，突然很主動來跟你交朋友，你也要想想是不是這麼單純。畢竟這是個現實的社會，這樣的情況真的很多！尤其是在社群媒體上喜歡「裝熟」的人太多了，如果你沒有利用價值，他才不想跟你熟呢！

以前我也會因為朋友突然遠離而難過，自認沒有做傷害朋友的事，也從不對外說朋友壞話，但有些友誼就是無法長久。以前我也會覺得很遺憾、落寞，甚至朋友對我的傷害，我也默默忍受。因為我始終相信「人性本善」，但或許，並不是每個人

都想要與人為善吧！

　　但是後來漸漸明白，友誼本來就是有效期的，只是我們一廂情願的以為效期是「永遠」，但人生的列車這麼長，總是有人上車、有人下車，想一想，其實這也是合理、正常的。釋懷後，也就放下內心的執念。

　　對於下車的人，我們默默的、遠遠的祝福，感謝他陪我們一程。對於能一路陪我們到底的人，我們更需要好好珍惜。

　　年紀漸長，你會發現，友誼也不需要多濃烈，也不一定要表現得多要好，而是還惦記著你、會想到你，不須太常見面也能保有淡淡的細水長流情誼。知道人生的路上，還有位朋友可以默默支持、守候著，這就是最理想的友情了！

不是每個朋友都需要掏心掏肺

我們不得不承認，有時候你對人的好，並不是他要的。你想跟他說真話，他也不見得想聽。你想幫助他，他不一定感謝你的幫助。

朋友說他總是對人很真誠、對朋友好，但常對人性很失望，付出沒有回報。

我說：「你就是太認真了，並不是每個人都值得你掏心掏肺，人家不見得把你當姐妹。尤其是新朋友，不用一下就深交，因為你不知道他是不是真的把你當朋友啊！還是要多觀察一下比較好。」

「對啊！隱私和祕密不一定要跟朋友說，因為你不知道他嘴巴是不是夠緊。**尤其是工作上，同事間不一定有真友誼，交朋友還是要公私分明、有界線比較好。**」職場上曾受過傷害的朋友感嘆說。

朋友說：「對啊！我就是錯在對誰都想說真話，我以為他是好朋友，但對方並不認為，結果是我自己一廂情願！」

「你啊！就是太熱情了，交朋友還是要看熟不熟，不要看到誰就想什麼都說，有時候吃虧的是自己！」

我們不得不承認，有時候你對人的好，並不是他要的。你想跟他說真話，他也不見得想聽。你想幫助他，他不一定需要或感謝你的幫助。

有朋友因為「好心」告訴女生朋友她老公外遇，結果不但不被感謝還被討厭，覺得是要破壞她的幸福（假象？）

也有朋友因為力行健康生活，逢人推薦營養飲食、運動，但朋友都興趣缺缺，她說：「我是為他們好啊！」但其實別人想過什麼生活是他的選擇啊！人家就不想健康，那也是他的自由和選擇啊！

這讓我想起，以前我也會好心勸人分手，以為幫助別人遠離渣男，但其實她覺得是真愛。後來我就不說了，除非很好的朋友。我也不想讓人以為我要破壞他感情、嫉妒他幸福（並沒有），而且也不是每個朋友都願意聽勸的！最後白忙一場還被討厭又何必？

但因為無法說假話，所以別人問我，我也會說老實話，但說了好像也沒幫助，別人不一定想聽。現在的我，就少說了。

朋友問：「不能說真話、交朋友不掏心掏肺，真的很難啊！」

我說：「**不是要你說假話，而是不必說太多**。不要遇到誰都掏心，有些友誼淡淡的反而比較好，這也是種距離的美感啊！」

這些年我學到的就是「不說的藝術」和「距離的美感」，還有不太交新朋友，不熱中人脈關係。我還是保有我的真誠，但算得上是真朋友的，少一點比較好。

另外就是，我接受並尊重別人與我的不同，也不輕易受到他人影響。他有他的想法，我有我的觀點，別人的人生，我們不必太涉入。

無法說假話，就學著不說話，

無法接受的，就保持社交距離，

不想被影響的，就清理交友圈，

生活清清爽爽，真心只給值得的人！

最怕遇到好戰的人

你們害怕遇到哪一類人？我最怕遇到好戰的人。

那種見到人就可以吵架，看誰都不順眼，每天都在生氣的人，不覺得很累嗎？

如果跟這樣的人交往，他整天找架吵，你常不懂哪裡又惹到他，跟這樣滿身都是地雷的人在一起，真的會很辛苦！

如果遇到這樣的朋友，你更要小心，他如果這麼容易看人不順眼，會不會哪天也看你不順眼？如果他會到處說別人壞話、罵人，難道他不會在背後也這樣對你嗎？

尤其不要把友誼建立在「敵人的敵人就是我的朋友」，那是最脆弱危險的關係。年紀大一點你會知道，很多時候聽別人在批評誰，聽聽就好。**因為人總是選擇對自己有利的說法，放大自己對的地方、誇飾別人錯的地方，你不是當事人，永遠不會知道真相**。

跟好戰的人當朋友，不知不覺中也可能會被影響，於是你也變成跟他一樣，生活充滿了仇恨，看別人都不順眼，也影響了自己的人際關係和運勢。因為你身上都是刺，貴人、好的朋友和好的對象也不敢靠近你。

找交往對象時，最好也避開這類人。尤其是會去傷害前任、公開咒罵復仇，或把對方講得很難聽的人。因為**他怎麼對前任，未來就可能怎麼對你。**

老實說，**總是與人為敵，並不會讓自己過得更好、更快樂，你可以不認同別人、不欣賞，但你要尊重他有他想要的生活方式。**這世上，本來就不是每個人都得為了讓你開心而活的。

好戰的人很辛苦，因為他的內心無法平靜，他也不會真的快樂，總是被情緒控制。

跟這樣的人在一起，也無法獲得內心的平靜。朋友說：「吵架吵多了，越愛越累，最後就沒有愛了！」

你也有這種感覺嗎？我想這就是心累。

不要花時間在這樣的人身上，不管是交友還是談感情，活得充滿了仇恨，美好的事物都不會找上你。

學會打開心胸，多看看別人好的地方，遇到不喜歡的事情也不用涉入太多，我們不需要強調別人不好來證明自己的好。把自己過好，勝過一切！

總是別人對不起他，身邊全是小人？

你有沒有遇過負能量爆表的人？每天都在抱怨、批評、說別人壞話？好像全世界都對不起他，身邊處處都是小人？

一開始遇到這樣的人，你也會同情他們，覺得他們是受害者，但是久了，你會發現他一直是在這樣的狀態，甚至活在批評裡洋洋得意，遇到朋友就不斷抱怨，你會覺得當他的朋友真的很累。而且恐怖的是，你不想聽還不行，他根本不在乎你要不要聽（好累）！

也有遇過總是在數落前任，就算分手好幾百年了，每次見面還是要罵。其實別人並不是很想知道，就算一開始會跟你一起罵、替你出氣，聽久了也會覺得：「你怎麼還停在這裡？」

有次朋友約見面，臨時帶了個不認識的朋友來，期間一個多小時，這位新朋友一直不斷抱怨別人、說別人壞話。雖然我不認識她講的那些人，但是聽著覺得好累，覺得自己浪費好多時間在聽她說別人壞話（到底關我什麼事？）我真的沒有興趣一直聽你抱怨別人啊！

你是否也曾經遇過，不在乎別人是不是想聽，一味想著想說的話的人嗎？

後來我慢慢發現，覺得「總是別人對不起他，身邊全是小人，

只有自己最無辜」「別人都是壞人，只有自己是好人」這樣的人，其實也不一定像他自己講的那麼無辜善良。

總是覺得「千錯萬錯都是別人的錯」，不代表自己沒有錯。因為說別人的不是比較容易，也不用面對自己其實沒那麼好的殘酷事實。

想想這樣真的很累，不只你累，你身邊的人都會覺得好累。想要幫助你的人，也會受不了你的情緒壓榨。

但也有朋友說，如果他不去說別人不是，就覺得生活無趣，或許這也是他快樂的來源吧？

遇上這種人不只浪費時間，也會影響自己心情。所以年紀越長、生活越忙（真的沒時間），會盡量跟這樣的人保持距離，才能維持身心靈的健康。

年紀越大，越覺得清理自己的交友圈很重要，因為你會深受身邊人的影響，朋友的質感也會深深影響你。如果朋友會讓你負能量太強，讓你陷於口舌是非中，建議還是慎選交友圈。

現在的我覺得交友精簡，不需要社交，更不用經營人脈。只需要能維持身心靈健康的好友幾位就好。你也這麼覺得嗎？

大齡單身女子，要怎麼過得快樂？

不要把自己人生寄託在任何事情上，
發自內心的快樂才不會輕易被奪走！

　　前陣子在網路上看到有酸民在笑名女人，年紀大了還小姑獨處，結果鬧了笑話。

　　真的不懂，為何常常看到有人拿女人的年紀來笑話，大齡女子還單身就要被虧：「不要太挑！」似乎年紀大就沒得挑，就要隨便將就，難道隨便結婚總比單身好？

　　有些女生因此生氣，甚至沒自信、否定自己。就算遇到不 ok 的對象，也想趕快進入婚姻，才不會被笑、矮人一截。

　　有讀者問過我這個問題，我在三十歲的時候就已經看得很透澈，我不隨波逐流，也不為別人的嘴活。為何要不挑？反而應該把自己活得更好，有本事挑，也有氣魄不要。

　　那些笑著別人小姑獨處的人，老實說他們結婚了真的過得幸福的有多少？婚姻能快樂、長久，走得下去的有多少？

難道你不知道，當那些已婚人士在抱怨婚姻、批評另一半、靠 x 婆家、怕過年怕拜拜、一直罵小孩、被疫情停課網課搞到厭世、每天睡不飽、沒有自然醒、煩惱雙薪經濟壓力，甚至還要擔心另一半外遇……這時候小姑獨處的人有多輕鬆、多愜意啊！

自己賺自己花，不用煩惱婆家、男人的問題。自由又自在，想去哪就去哪，買東西不用怕被唸（即便你是花自己的錢）。

有網友說：「不就是過得太快樂了，才不小心把自己變成了單身嗎？一晃眼才發現年紀不小了！但還是喜歡現在的單身生活。」

「把自己生活過得好，知足常樂，擁有健康，家人知己都在身邊，這已是人生最大財富。」

「我現在聽到有人說這個年紀還不結婚，我都會先在心裡翻白眼然後微笑說，嫁得不好不如不要嫁！」

「找到自己生活中的養分，千萬別期待對方為自己澆水。」

「有另一半不見得是好，遇到好的是幸福，遇到不好就是不幸的開始，單身半年了，過著我想要的生活，很快樂又平靜，沒有吵鬧紛爭，非常愛這種日子。」

「不要因為外在因素或是寂寞而將就，照顧好自己，幸福與快樂是自己說了算！」

看到很多讀者的留言都覺得好激勵！單身過得精采、內心富足的人，真的比我們想像的多太多了。

· · · · · · · · · · · ♥ · · · · · · · · · · ·

有人說：「結婚以後才有人照顧啊！」你確定你是被照顧的嗎？還不如把保險買好、身體顧好，自己照顧好。

如果只想：「結婚後可以不工作有人養。」那也太冒險，確定對方願意養你一輩子嗎？養得起嗎？網路上有人說，另一半薪水三萬養全家含兩個小孩，還認為賺錢講話最大聲。

說真的，那些嘲笑你的人，某種程度上就是因為你有他沒有，內心自卑才傷人。他其實羨慕嫉妒你，只好用你沒有的東西來笑你。

畢竟不在一個水平、不在同個星球，又何必跟他一般見識？他可憐你，你才要同情他呢！

也常有讀者問：「大齡單身女子要怎麼過得快樂？覺得單身很不錯，但被催婚或遇到社會壓力，怎麼辦？」

朋友說看到身邊朋友結婚生子，覺得很羨慕也想要有個伴，但尋尋覓覓後才發現，為了追求愛情而忽略了自己，最後還是不會快樂。

為了結婚而結婚，為了找到伴而著急，其實都是不對的。最

後不但失去了自己，得到的也不是真的幸福。

我身邊有很多單身女生擁有許多朋友，都過得很好，甚至都比已婚的人過得好。所以我也從不問：「想不想結婚？」這種笨問題。

朋友提出了一個重點：把自己生活過好，比追逐愛情重要。

其實，就算你有伴了、已婚了，也是要把自己生活過好，不是嗎？

如果問我，我也會說：「不要隨便結婚！」相信我，對許多已婚的人來說，心裡還羨慕著單身的你呢！

能不被別人的情緒控制，真的很難

你在工作、人際、愛情中最怕遇到哪一種類型的人，我覺得是情緒化的人。

曾被認識十幾年朋友說：「我很佩服你，怎麼都沒什麼情緒？」哈！我想人都有好壞情緒，但我不喜歡用情緒影響別人，所以我把情緒收得很好。

因為我知道，**情緒不能解決問題（只會創造更多問題）**，也會傷人（你無意的情緒真的會讓人受傷），更會因情緒影響無法好好工作、生活，我們都不小了，也不是三歲小孩（像我兒子），如果不能控制自己情緒，還能控制什麼？

在感情上，我也超怕情緒化的人，說變臉就變臉，或搞不清楚他在不爽什麼，處處地雷，活得戒慎恐懼，有的人生氣還會做出恐怖的行為，這不就是恐怖情人嗎？（快逃）

用情緒來傷害別人、情緒勒索的人，都是不成熟的人。但我們往往被傷害還覺得是自己的錯，覺得難過悲傷，但想想，值得嗎？在乎你、愛你的人，不是更應該顧及你的感受嗎？

有些人喜歡把別人當作他的情緒垃圾桶，不斷把負面情緒都倒給朋友，強迫別人一定要接收、一定要聽。一開始可能只是想幫助他、陪伴他，後來久了發現他根本只是想抱怨，沒有要改

變現況，或是只想罵人。久了後，你會心累，一直承受別人的情緒真的超累。這時候真的要學會拒絕、保持距離，以維持自己身心靈的健康。

工作上也怕遇到情緒化的人，不管專業，只管好惡，溝通實在很累。工作就工作，把事情做好就好，有那麼多情緒幹嘛？會做得更好嗎？只是在浪費時間而已啊！

年紀越長，我越避免接觸情緒化的人。因為我沒那麼多時間力氣去安撫、理解他們。保持一點友善距離，可以讓身心靈更愉快無負擔，沒有無謂的負能量纏身，樂得輕鬆。

如不能控制情緒，就學會適時閉嘴，當心情不好的時候，我會自己一個人靜一靜，好好思考、放下，想通了就好，不會受一時的情緒影響。

我們一生的功課，就是學會不被自己情緒控制。還有，不被別人情緒影響。

現在我會情緒失控，大概只有在小孩不乖的時候了，哈哈，這真的難啊（雙手一攤）！

單身女生避嫌是保護自己

常聽到有單身女生說自己遇到已婚的男同事、友人來找機會搞曖昧，甚至發展婚外情。我總是說：「太傻了！」

通常結果不是被玩弄，就是變小三痴痴等扶正，更慘的還會被正宮發現被告求償，讓你人財兩失（通常正宮都不會告自己老公）。

以前有朋友跟已婚而且老婆懷孕的男人婚外情（你老婆懷孕耶，還是不是人？）男生騙她等老婆生完小孩，就會離婚跟她在一起（這種鬼話你敢信？這種人你敢要？）結果當然是一場空。

其他朋友看不下去：「跟你搞曖昧還可以回家生小孩！真是時間管理大師呢！」

也聽過有個女生說自己很倒楣，因為朋友老公愛找她聊天、傳曖昧簡訊給她，她「沒有正面拒絕」，沒想到手機被他老婆看到，她就莫名黑掉，被誤以為是小三。

我只能說真是蠢啊！想聊天談心千萬不要找已婚的！你朋友那麼多，跟不認識的網友聊天都好。難道不知道很多女人都會看男人的手機嗎？你以為跟人家打情罵俏聊個天，只要沒出軌就萬無一失嗎？甚至留下對話紀錄，給別人證據挖洞給自己跳，何必呢？太傻了！

很多不安分的已婚男（已婚女也是）會到處找獵物，最常用的理由就是我婚姻不幸福，另一半都不懂我……

聰明女人千萬不要跟死會、已婚的男人手機傳情，或自作聰明傳一些有的沒有的東西給他（裸照、講壞話、充滿暗示的話），因為一定會被他女友或老婆看到的。

就算你真的對他沒興趣、覺得沒有什麼，但陷自己於不義就是不智之舉！那些證據可能會讓你吃上官司，身敗名裂。

與其跟那些不會和自己有結果的人浪費時間，讓自己身陷危險。還不如把時間拿去認識更多優質單身異性，正正當當的談戀愛，尋找自己的幸福！

「但遇到已婚男來招惹怎麼辦？」

可以跟他說：「你們好幸福，你老婆好漂亮，小孩多大了？」「約吃飯？好啊，找你老婆一起來吧！」

社會太險惡，懂得和死會已婚的人保持安全距離，才無事一身輕啊！

別人的菜不要亂吃、偷吃，那都要你吐出來還的。不要貪心，也不要被別人的貪心所利用。懂得愛自己，就是知道對方口中

說的愛是不是真的愛，還是只是利用你、傷害你。

真正愛你的人，會光明正大的愛你，讓你愛得光明磊落！

糾結，都是自己在受罪

你也是個容易糾結的人嗎？不知為何，我總是遇到很糾結的人，會來問我該怎麼放下、不去想太多……可能我是個沒有糾結困擾的人吧！因為快樂很簡單，就是不要自尋煩惱！

有人看到前任過得挺好的，就在那裡糾結說對方對不起他，憑什麼可以得到幸福？但是你們已經分手十幾年了，沒必要還在那過不去吧？**不放過他，也是不放過自己，別人已經前進了，你何苦還留在原地？**

有人因為不知道「我們有沒有在一起」而糾結，因為什麼都做了，為什麼他還不願承認、公開交往？嗯，他很明顯就是不愛你啊！就當學個教訓、認賠殺出，別浪費時間了！

其實有時聽聽會發現，我們都不甘心自己不是最愛、不是唯一，他不夠愛你，你沒有這麼重要……可是，我們都付出這麼多了，要勇於接受在這裡跌了跤、彼此都不是對的人、這只是個錯誤、這是失敗的感情……去接受承認這些太不容易，所以只能讓自己被卡住，無法前進。

陷在一灘爛泥、一堆垃圾中，想要努力尋找有沒有好東西，似乎太辛苦。

如何不糾結？對我來說，就是不要在乎太多。

因為我不想浪費時間心力在我覺得不重要、沒意義、對自己沒幫助的事情上。更別說是根本不在乎或不愛你的人，hello？我年紀大了、生活很忙，睡覺時間都不夠了，沒有這麼多美國時間。

告別那些會讓你糾結的人事物吧！**這也是斷捨離，該放掉那些負能量，你才有空間放一些讓自己快樂、過得更好的事！**

朋友說：「成熟，就是閉著眼睛翻白眼，懂得適時的放空，知道怎麼拒絕，學會界線的拿捏。」

現在年紀漸長，發現心理狀態會影響健康，所以不糾結，也是一種養生之道。為了維持身心靈的健康，記得把心裡的毒排出來，把生活裡的髒東西都丟掉喔！

Part **5**

**在婚姻裡，
想得到幸福卻
無法愛自己**

擇偶要看情商

如果跟一個情商高的人在一起，自己也會變成熟。
相反的，跟一個情商低的人交往，
自己也會變得暴躁易怒，受到很大的影響。

朋友說：「到了一定年紀才懂，找一個情緒穩定的伴侶有多重要！」這真的是見過世面（談了多次失敗戀愛）的人才能懂的事。

的確，兩個人在一起，尤其熱戀的時候，大家都是順著對方的毛摸，兩個人都好好的時候，不太會想到這個問題。但如果遇到了突發狀況、工作不順遂、經濟出了問題……這時，考驗你們的就是面對挫折的態度，這是要有一定成熟度才能感受到差別的。

譬如說，有朋友聊到交往過某任男友是個性負面、憤世嫉俗、易怒體質、容易衝動的人，一開始很像偶像劇，充滿了驚喜，但後來也都變成了驚訝。因為他會因為小事生氣、情緒起伏很大、善妒到女生幾乎沒有朋友。她說，那段時間覺得自己談個戀愛好像活在監獄，生怕做了什麼又惹對方不開心！

相反的，有個朋友說，她是很容易緊張焦躁的人，幸好遇到的另一半是個性穩定、樂觀的人，即便機票被取消、丟了錢包，也可以安心處理問題，還會安撫她，讓她知道事情不是不能解決的。讓她覺得在一起後，自己也變得更正面、樂觀開朗了。

朋友感嘆：「跟一個情商高的人在一起，自己也會變成熟。相反的，跟一個情商低的人交往，自己也會變得暴躁易怒，受到很大的影響。」

的確，人活得好好的，誰要每天吸收對方的負能量、情緒勒索啊！

所以很多人說，交往時要跟對方去旅行，可以看出適不適合，朋友笑說：「所以有的人從不自助旅行啊！因為不想處理問題。連蜜月都要跟團，機票都懶得訂，問他什麼都隨便，但真的出發了又有很多意見。我就曾經跟這種巨嬰在一起過，搞得自己好像保母。」

我笑說：「這我可能無法……」

其實旅行從規畫到出遊會有很多大小事、突發狀況，再加上兩人價值觀、生活模式的磨合，尤其要自助旅行才看得到這些細節，瞬間就能知道雙方合不合。（不要說情侶了，朋友也是啊！）

情緒不穩的人真的很讓人害怕。面對挫折的時候，先亂發脾

氣而不解決問題。或是責怪別人，覺得都是他人的錯。然後只要有一點點不如意，就怨東怨西，或是逃避問題，要你自己面對？挫折可大可小，好笑的是有時根本不是什麼大問題。有必要嗎？有這麼難嗎？（翻白眼！）

有位認識我超過十年的朋友，問過我如何可以做到「情緒穩定」，因為她從沒看過來我被情緒左右，但他卻很容易被別人影響。

我說這其實也是要練習的，我以前也常被影響。但我認為：「情緒不能解決問題，**解決問題比處理情緒重要！所以沒有必要的情緒，我會自己消化吸收。**」久了就可以做到雲淡風輕，無人可擾亂我的境界。我笑說，這是笑看人生！（苦笑）

或許人生有點閱歷的你會懂，跟一個情緒管理不佳的人在一起有多累，總是要承受別人的負能量有多煩，有時想想，大家都幾歲的人，難道不能成熟一點嗎？不要那麼幼稚好嗎？

朋友說：「長得再美、再帥，情商太低也無法長久在一起！」

沒錯，慢慢的你會發現，情商真的好重要，跟一個人在一起能不能自在舒服，讓彼此往更好的方向邁進，鼓勵你讓你更喜歡自己……這些都是感情能不能長久的因素。所以不要只看表面，要看他面對挫折的態度、處理事情的方法，還有他的成熟度。（成熟度和年紀並不是正相關喔。）

不只要求別人，我們自己也要成為這樣的人。

　　熱戀時期可能可以像演偶像劇般情緒起伏，但長久相處，只希望對方能讓你心靈平靜。

想要結婚，就要先委屈自己？

很多人問我，到了要結婚前、談論婚事的時候，才發現對方有問題，那還要不要結婚呢？

老實說，當婚前有疑慮時，勸你千萬要三思。沒有一定要結的婚，只有快不快樂的自己。婚姻不是談戀愛，結了之後後悔、要離婚，要付出的代價太高，想離還離不了更是惡夢，小孩生了更艱難啊！

要不要硬著頭皮結婚都是你的決定，你的人生只要對自己負責就好。如果最後真的決定停損，那更是勇氣十足！

「有人問，如果男方家人瞧不起我家人，處處為難、貶低，讓我家人感覺不尊重，要不要結？」

「如果男生婚前被我抓到偷吃，但他說還是會跟我結婚，我要原諒他嗎？」

「未來公婆堅持搬去同住，不讓我們自己找房，住在一起我覺得好難受，要妥協嗎？」

「如果女友家堅持要很高的聘金，但我真的出不起，怎麼辦？」

「對方希望結婚後我可以辭掉工作，在家帶小孩就好。但是我很喜歡工作，薪水也很不錯，也會怕拿人手短，怎麼辦？」

「還沒結婚，但我已經懷孕了，卻發現男友不想養小孩，也沒責任感。連生產坐月子的錢都要我自己出，我要因為給小孩完整的家庭而結婚嗎？」

「男友全家都負債，媽媽還欠巨額賭債，他也是月光族，談戀愛還好，但談到結婚，我真的猶豫了⋯⋯」

你可以在網路上看到許多這樣的問題，甚至身邊也聽到不少，你會怎麼回？

看過很多故事，其實勉強去結的婚，後來都不幸福（不管有沒有離婚），為了想要踏入婚姻而妥協、忍耐、失去自我，吞忍（台語），後來都越退越多，越來越不被尊重⋯⋯

很多人說：**「婚前腦子進的水，就是婚後流的淚水。」** 真的不無道理。

任何內心的聲音告訴你哪裡不對，都請先放下想婚的念頭，好好想想你真的要做這個決定嗎？

求婚很浪漫、婚禮很美好、當新娘好開心，但那一天之後，你的日子過得怎樣，才是真實人生。

我曾有過一些可能可以結婚的機會，但是我甘願放手、錯過（或

許別人也覺得不錯啊），因為我很清楚，這不是我想要的、不是適合我的。

雖然我在婚姻前保持清醒讓我很晚婚，但我很慶幸忠於自己。

或許未來很難說，我們也不一定知道這就是正確的決定，但至少，你知道什麼是錯的、是你不能接受、不認同，也不想委屈的，那就先停下來吧！

以後你會慶幸，還好沒結這個婚，還好你單身（太好了！）

還好你最終遇到對的人！

沒有人愛不重要，
重要的是你夠不夠愛自己

千萬不要怕遇不到下一個，
就是因為這種心態，你才會繼續跟垃圾在一起。

　　因為怕年紀大了，不會再遇到下一個，所以即使現在的對象不好，也只好將就、湊合在一起？

　　常聽到很多人問感情，都是說自己年紀不小（有的其實才三十出頭而已），怕「過了這個村就沒有下個店」，不會再有機會了，所以即使現在交往的對象很不 ok，還是勉強自己在一起。尤其是想要結婚，到了適婚年齡的人，害怕年紀越大越難結婚，加上家人壓力，就會將就自己，勉強走入婚姻……

　　這令我感到非常不可思議，首先，根本沒有適婚年齡這回事，誰說幾歲就要怎樣？你的狀態不適合、對方不適合結婚，就是不適合！

　　再來，為何要以為自己老了沒人要？拜託，沒人要都好過被一個錯的人耽誤一生好嗎？有沒有人喜歡你，不是年紀的問題，

是你心態的問題。

如果以爲「男人只喜歡年輕的女生」，那就是你找錯目標，也有很多男人喜歡成熟的女人，不是所有男人都這麼膚淺！

就像是有人會說：「男人都花心，醜的花、帥的花，還不如找帥的。」那爲什麼不去想，你可以找不花的啊！幹嘛在爛的裡面挑好的？

我三十五歲才結婚，也從不覺得我要隨便湊合，不結婚，我單身也過得很好！我也不怕老了沒人喜歡，就算我單身到六十歲都可以談戀愛。只要內心不怕、有自信，能過好自己的生活，自然不會看扁自己。怎麼可能去談沒質感的愛情、跟個爛人消耗生命？別鬧了！

千萬不要怕遇不到下一個，就是因爲這種心態，你才會繼續跟垃圾在一起。更恐怖的是，跟垃圾在一起還要假裝不臭，自欺欺人。或是每天喊臭，卻死不放手！

到姐這個年紀，你會領悟，有沒有人愛不是最重要的事，而是你夠不夠愛自己。你會喜歡現在的狀態，欣賞更成熟的自己！

限制你的不是年齡，而是你的心，很多人選擇不分手，甚至結婚的理由是……

「雖然他不好，但怕離開找不到下一個。」

「在一起這麼久，沒很愛，但不結婚很怪。」

「因爲年紀不小了，就不要再挑了。」

「怕太老生不出來，就趕快結婚吧。」

「我不愛他，但好像要給個交代。」

「朋友都結婚了，只剩下我單身很奇怪。」

「前任結婚了，我只是不想輸。」

「我相信結婚後，他就會收心不再愛玩了。」

「我不想當大齡剩女，怕會被笑。」

「我結婚只是爲了不想工作。」

「結婚才不會讓父母擔心或丟臉」

「只要我跟他結婚，小三就輸了。」

你聽過、遇過這些理由嗎？或自己也正被卡住嗎？醒一醒啊（搖）！

勉強自己、勉強別人，得來的都不是眞的。婚姻不一定是避風港，很可能是個陷阱。

不要對自己這麼沒自信、覺得沒價值，別人的嘴不會讓你幸福，只有你知道自己要什麼、不要什麼。

多浪費一秒在錯的人身上，只會讓自己的人生少一秒機會遇見對的！

即時停損，勇敢選擇，請尊重自己並善待自己！

戀愛可以隨便談，
結婚生子一定要慎選

朋友感嘆的跟我說，她的故事可以寫出來讓讀者當借鏡。

認識她十幾年，她的感情一路走來都不太順，總是遇到渣男。以前我們都不順時，還會一起取暖。每次有人問她喜歡什麼型的男生，她總說：「我喜歡看起來壞壞的。」但每個都不只看起來壞，而是相由心生真的壞。

她喜歡壞壞的、有趣的、會講話的，結果遇到花心的、想一夜情的、有女友的、想騙錢的、工作不穩定要她養的……

最後她遇到一個說想結婚的，沒想到還是壞壞的，但她懷孕了，年紀也不小了，很嚮往婚姻。我內心覺得不妙，很想勸阻，但能說什麼呢？

男生嘴巴上說想結婚，但是藉口工作、疫情，總是在國外不回來，就連孩子要生了，也還是不願意回來陪伴她。

有朋友氣憤的說：「是事業做很大不能回來嗎？」

熟知內情的朋友說：「他根本沒有固定工作啊？所有生產的費用他都沒有要出！」

後來，男生總是吵架、賭氣、失蹤不跟她見面，婚也沒結成，

小孩要辦戶口了，她也只能當單親媽媽，自己養小孩。朋友說，小孩都要一歲了，男生連一次都沒見過。她為了帶小孩也不能工作，靠吃老本和娘家爸媽幫忙過日子。聽到這裡，真的拳頭都硬了！

後來遇到她，她總是奉勸朋友：「不要結婚、不要生小孩！」她說：「雖然我不後悔生小孩，但真的太苦了！」這麼多年來，我總是很遺憾條件很好的她遇人不淑。以前她會說：「我真的**運氣不好**！」但被朋友虧：「你是**眼光不好**啦！」

沒有人是天生運氣好，每個人都會跌倒。重點是，你有沒有學到教訓？在失敗的戀愛中成長，未來才能讓自己更好。

沒有幸福是平白無故、從天而降的。

她說：「戀愛頂多讓你難過受傷，但結婚生子的代價太高。選錯了，也可以不要，改變不了的，只能說自己選的！」還好，她很樂觀。

令人心疼的故事。她說，寫下來給一些女孩看吧！

我問：「那你還喜歡壞壞的嗎？」「我誰都不喜歡，只愛我兒子！」「那兒子以後不能壞壞喔！」我們都笑了。

不婚不生的人，可能會結婚嗎？

當你希望別人為你改變時，
你就要有他隨時會後悔的風險。

有讀者問：「如果認真交往的對象，跟我說他不婚不生，還要繼續交往嗎？能期待有好結果嗎？」

不婚不生的人可能會結婚嗎？有！但老實說，強求來的都沒好結局。

他能跟你結婚、生小孩，但不代表他會甘願、你會幸福。這真的是兩回事。

我想起了認識的男生朋友，他說自己的感情有「三年魔咒」，因為他真的不想結婚，但每任女友交往到第三年都會催婚，最後也都因為他不婚而分手。其實他很誠實，交往前都會告知「不婚」。只是女生總會有期待，想改變他。

最後他結婚了嗎？結了。跟一個不要求他結婚的女人結婚，但前提是「不生小孩」。因為他很討厭小孩，這一點不容妥協。

還好，女生也不想生。兩人過著悠閒的頂客生活，不生小孩也很開心。

這並沒有對錯，人如果知道自己要什麼、適合什麼，把醜話說前頭，是好事。總比騙你、拖著你，亂給承諾，不負責任來得好。

你怨他，他會說：「小孩是你自己要生的！」

這句話是不是很耳熟？很常聽到女生抱怨老公對小孩沒有責任感，其實他真的沒那麼愛小孩，只是因為你想生就配合你，但不要以為生了就能改變他。

老實說，不喜歡婚姻、不愛小孩，本來就沒對錯，就像你養不養寵物、愛不愛吃辣、喜歡什麼音樂……都是個人喜好。

有的人就是不適合婚姻，就像你交往過的對象，也不是每個你都敢嫁／娶吧？有的適合戀愛，有的適合曖昧，有的……就適合懷念。

但我必須說，他不婚不生可能是誠實，也可能是不夠愛你，你並不是他想結婚的對象。既然跟你的預期、目標不同，更不用浪費時間在他身上。不必不甘心、不必遺憾，你也把他當過客就好。

真正愛你的人，會讓你得到絕對的重視、尊重、承諾和行動。如果沒有（不要騙自己）就是你該好好停損了。

不要逼他、不要求他，也不要等他。

朋友說：「如果是我，談談戀愛就好，執著結婚是何苦？結了也不會過得更好！通常是更糟好嗎？」

另一個朋友說：「結婚這件事，一定要他比你更想結，這樣才會幸福。如果是你單方面比較想，那以後辛苦的都是你。」這真是過來人的箴言！

「不過，很多說不婚不生的後來都已婚生子了？爲什麼？」

「生小孩不是重點，而是生了之後，才能認清對方的真貌。」這一定要有生過小孩的才懂。就像網友說的，生小孩就像一面照妖鏡，照出對方的真面目，到底是一個怎樣的人。

當你希望別人爲你改變時，你就要有他隨時會後悔的風險。

「結婚不是重點，也不是終點，而是結了婚之後，你是不是真的幸福。」其實很有可能是，他不是不想結婚而是不想跟你結婚。

發現有小三，你會去理論嗎？

讀者來問，她說去跟小三吵架，男友雖然答應不會再聯絡了，但她還是很怕，不知道要不要原諒？

很多人都有類似經驗吧？想問問，你會去找第三者理論、吵架嗎？會原諒和好、力爭到底，還是會放生？

我也有過一次經驗，看到男友帶女生回家睡（神明要讓我看到），本來以為自己會現場抓狂的，但我就冷靜的叫男友出來談、沒有吵醒那個熟睡的女生（但我有看一眼確認是不是我認識的，還好不認識就算了），我當場就分手了，從此不聯絡。

也曾在男友手機看到曖昧訊息之類的，但我很清楚明白，最大問題都是自己的男友，不是小三。男人心如止水，又有什麼女人勾引得了？有人要來，他自己會趕走，不用我們出手。要怪小三，以後還有小四小五抓不完呢！每天抓姦打怪、宣示主權、疑神疑鬼，活得多累？

最大的問題點，就是他很渣、他不夠愛你。 更深層的問題，就是我們自己眼光不好，所以我覺得是自己的問題。我知道對方不夠愛、人有問題，我還要喜歡、還要在一起、還假裝沒事，那我真的有問題！

我不喜歡花時間力氣在指責別人，那是他人的問題。而我要檢

討自己、改正自己，才能找到問題。

唯有改變自己的眼光，才能改變命運。唯有找到自己的問題，才會避免再錯。

感情路上難免遇到錯的人，甚至，我們也可能是別人眼中那個錯的人啊！

有人傷害過我們，我們也曾傷害過別人。也有過不清楚自己要什麼、不夠忠實、不懂拒絕，處理不好混亂的感情問題的時候。但，最重要的是你有學習、成長，錯過一次，就不要再錯第二次。

經營感情還需要去跟小三理論？這樣的男人就不要了。送她，真的。搶一個爛東西、資源回收幹嘛？

我回答讀者：「你要知道，你值得更好的。」

更好的人生、更好的感情，以及成為更好的自己。

•♥♥♥•

除非對方天生渣，否則感情本來就會變。人都會變，他不愛你了，你也可能不愛他了。並不是每段感情都會一直走在一起到最後。

這麼想，其實你就豁達了！

支撐著你過生活的，不是他愛不愛你、他會不會變，而是，你怎麼照顧自己、珍惜自己、愛自己。

於是你不會因為誰不愛了、不要了，就天崩地裂。

嘿！你才是你人生的主人，不愛你的，都只是過客。

與對方家庭價值觀差異太大，還要結婚嗎？

在結婚之前，許多人會美化一切，
彷彿看不見已存在的問題……

　　有不少讀者問到，交往久了才發現兩人，甚至兩家人的想法、價值觀有很大差異，或是受到對方家人不平等的待遇，談論到結婚才發現問題很大。那麼，要因為交往久了、想結婚了、被催婚了，就要結嗎？

　　看過太多例子了，婚姻並不能解決問題，為了結婚而結會製造更多問題，只會更嚴重，不會更好。

　　如果認為結了婚、生了小孩，就可以改變對方、改善問題。那真的是太天真了！現實是，不管你生幾個，不會變的就是不會變。愛玩的還是愛玩、花心的還是花心，沒責任感的，依舊沒責任感。最後也只是辛苦你和無辜的孩子。

‧‧‧‧‧‧‧‧‧‧‧‧ ♥ ‧‧‧‧‧‧‧‧‧‧‧‧

　　與對方家人的問題，如果你交往的對象根本不想解決，只會把問題丟給你。那未來就會變成婆媳問題，更會影響婚姻。你應該聽過不少人離婚是因為對方家人難相處吧？

　　婚禮只有一天，婚姻是一輩子（也不一定啦），未來怎麼過，幸不幸福，才是最重要的。

　　很多人會為了想結婚而勉強、委屈自己，覺得忍一下應該就沒事了。殊不知，忍一下就是忍一輩子、痛苦一輩子。可能到最後，你連一輩子都不想跟他過。不是嗎？

‧‧‧‧‧‧‧‧‧‧‧‧ ♥ ‧‧‧‧‧‧‧‧‧‧‧‧

　　「但就這樣放棄多年感情，不是很可惜嗎？」有人問。

　　如果多年來你都無法改變、改善，怎麼覺得結婚就會自動變好呢？

　　「但我真的很愛他，我想再努力看看。」

　　努力的前提應該是，你們共同努力，而不是只有你一個人在拚命。

　　「他也不壞，只是生活模式跟我不一樣。」

　　婚姻跟戀愛不同的地方是，婚姻就是生活，在相愛的前提下，

選擇一個可以一起生活的人。

「他媽媽不好相處，不要住在一起就沒事了吧！」

不住在一起是當然，但有可能她會常來指導你做家事。聽過許多沒住在一起，但也快被搞瘋的朋友說過許多悲慘故事。

如果家人真的很難相處，已經可以預知會有婆媳問題了，那我真心建議你不要貿然進入婚姻。除非你的另一半有心去解決處理，或他會支持你、挺你。

············♥············

也有人問：「為錢吵架，還要結婚嗎？」有人因為聘金談不攏，兩家人不愉快，該怎麼辦？這個婚還要結嗎？

常看到這類新聞，老實說，一談到結婚，很多錢的問題就接踵而來，不要說聘金了，嫁妝、買房、喜宴的規格、婚紗的費用、喜餅數量、禮金的分配……每個人想法不同，加上長輩的介入、出聲，真的很容易吵架，甚至破局！

我真的就聽過談不攏，最後翻臉沒結婚的。做婚攝的朋友說：「還遇到過拍完婚紗不來取件的！所以建議獨照多拍一點！」

聘金要多少才是禮數、才尊重？真的很難啊！朋友說，要太多，對方家長不高興覺得獅子大開口。要太少，爸媽又覺得把女兒養這麼大，就值這樣？沒誠意！（但又不是賣女兒？）平

等來說，養兒子也花錢啊！

這是觀念想法的不同，沒有誰對誰錯。我個人覺得聘金嫁妝都不用的話，不就沒有問題了？

如果問我，我沒這問題，因為我們家不收聘金，哈！而且對結婚也不要求、不介入，所以我沒有傳統的包袱。

而且，我從小就立定志向：「不拜別父母，不迎娶、不丟扇子、不潑水，習俗全部省略。」因為我小時候當花童時就納悶，為何女生結婚都很不捨，還要哭？幹嘛要拜別父母，父母永遠是我的，我才不拜別呢！我永遠是爸媽的寶貝女兒，隨時都可以回娘家（這是我的人身自由）。

對我來說，結婚就是兩個人共組家庭，不是誰進入誰家，誰要離開誰家。

婚姻沒有辦法兩人共好，為什麼要結婚？

網友說：「兩人沒有共識，婚前為錢吵，婚後還是會為錢吵！」

「光是長輩介入就足以構成不婚原因，婚後還會有更多問題。」

「金錢觀不合，未來要花錢還是會有很多爭執。」也聽到不少為了喜宴、喜酒吵架，意見不合，雙方家長談不攏的案例。

其實，婚姻能維持，愛情可能只是基本，最重要的還是價值

觀、金錢觀，對家庭的責任感，彼此能否讓步協調、家人好不好相處、生活上的大小事，柴米油鹽這些瑣事……

這些不浪漫的事情能有共識，你們才能浪漫下去。

如果真的不適合，早點發現、婚前清醒，不也是好事嗎？

以前可能會以為有愛就好，沒有克服不了的問題。但閱歷越多，我發現，的確有無法解決、無法跨越的問題，尤其是價值觀這種根深蒂固的事。

現在會覺得「找一個能一起好好生活的人吧！」如果生活都要為了一點小事爭吵、委屈、不開心，感情磨沒兩年就變成怨偶了。

不必試著欺騙自己穿一雙不合腳但美麗的鞋，快不快樂、痛不痛，只有你自己知道。

人生的路那麼長，舒服、自在、安心、信任，有一個能真正懂你、愛你、挺你的人，攜手相伴的伴侶，才是真正的幸福。

這個婚我不結了

能夠說：「這個婚我不結了！」是多麼勇敢的事。

可以說：「這個婚我不要了！」需要多大的勇氣？

有一次直播聊到「還好沒有結婚」的主題，沒想到這麼熱烈，好多人分享自己的故事，慶幸當時沒有跟對方結婚，果斷的分開。

分享一個讀者很勵志的故事。她說以前不小心成為了小三，男友隱瞞有未婚妻的事還跟她交往，幾個月後才發現，當時男友選擇了未婚妻，拋棄她，讓她無端背上小三名號。未婚妻覺得不能拖，決定提早結婚。不讓男人有機會再去偷吃⋯⋯

當時我在信裡安慰她，這是好事：**「還好結婚的不是你啊！」**勸她快點放下，不要再去想。好好提升自我、認真工作、過好自己的生活。

一兩年後再收到她的來信道謝，她說自己過得更好，遇上真愛也結婚了。而當時傷害她的男生婚後還是繼續玩，他老婆過著很痛苦的生活。一直抓他搞曖昧外遇，卻還是堅持不離婚。

她說：「還好我不是他老婆。」

我常說，感情裡塞翁失馬焉知非福，失去了，反而是好事！不

好的人離開你、被搶走，髒東西有人回收，不愛你的人有人撿，你應該去買大樂透，因為你的運勢要開始變好了！別難過了，傻孩子。

回頭看，以前分的手，都是對的。

人總要受點傷、犯點錯，迷失了、低潮了，才會得到教訓和經驗，變得更有智慧，更懂得自己要的是什麼！

有時候也不是對方不好，只是不適合，只能陪你走一小段，或相遇的時機錯了。

他可能是很好的情人，但不是好的老公。

他可能人很好，條件也很好，可惜是個媽寶。

能夠在結婚前看清楚、發現不適合，果斷喊停，是需要很大的勇氣！比起面子問題、損失的婚禮訂金、才剛拍好的婚紗……自己的後半輩子是不是真的幸福，才是最重要的吧！

能夠說：「這個婚我不結了！」是多麼勇敢的事。

能在婚姻變質時，果斷的停損，優雅的放下，互相祝福，需要多強大的心理素質？

不是你的，不必強留。

是你的，根本不需要勉強。

感情和婚姻，失去不一定是失去。放下了，才能得到真正的自己，與真實的幸福。

結婚，賭一個良心？

結婚，賭一個良心，
不如相信自己的內心，
你有掌握命運的決心！

「我覺得家庭主婦和全職媽媽都是把未來寄託在『老公的良心』上！」朋友感嘆。

「在現在的社會裡當家庭主婦，其實風險很高。尤其離婚率這麼高，沒有收入的女生往往是弱勢的那方。」另一個朋友說，身為家庭主婦，看到近日的新聞覺得很難過，但這樣的狀況，其實一直以來都在發生。

家庭主婦常不被尊重，覺得家事都是你的事，有朋友說另一半總是嚷著下班很累，從來不幫忙育兒、不做家事，他說想放鬆，但女人又有何時可以放鬆？

況且，家庭主婦往往只有家用，沒有真正的個人收入，更別說有人丟個幾千元就說養家、還要問你錢花到哪？你買個東西還不敢寄到家，寧可去超商取貨。

我以前就常看到許多偽單身的已婚男，把孩子都丟給老婆，

自己快樂得像單身一樣（這就是為什麼我不敢隨便結婚）。結婚生子後，更看到了許多偽單親的女人，獨自承擔育兒重擔。

那些說「在家帶小孩很輕鬆、很好命」的人，可能沒有自己體驗過，如果可以帶上一天（可能不只一個小孩，還要做家事＋煮飯），隔天包你準時打卡上班，看到老闆客戶都眼冒愛心，覺得上班真好。因為帶小孩比上班累太多了！

女人願意當媽媽真的是很辛苦、很犧牲的決定，還要擔心不友善職場可能失去工作，或職涯無法再向上發展。有朋友說有了小孩後只能找不加班、能準時接小孩的工作，薪水比以前少了一半。

如果都靠老公養，也要擔心有一天感情生變怎麼辦？

朋友說：「說不擔心是騙人的，但真的只能靠另一半的良心。」所以現在不少全職媽媽也開始「斜槓」，讓自己也有收入，更有自信。

說起來，也沒有人是輕鬆的。職業婦女的下班時間，正是家庭和育兒的上班時間。我從大約五點半接小豬寶，到晚上九點他上床睡覺，都像陀螺一樣轉不停，他睡了之後再做家事，準備上學用品，忙一忙也要十一點了。有時還需要再工作一下，這就是職業媽媽的日常。（但我們更怕週末，哈！）

辛苦的男人也不是輕鬆的。看著另一半工作辛苦，常常八九

點才回家，很晚才吃晚飯，也很心疼。但辛苦歸辛苦，一起為了家、為了孩子，我覺得是幸福。

我很感謝他是一位好隊友，凡事都把家庭放在第一位。

婚姻，真的很不容易。如果你單身，恭喜你有選擇的機會，就算已婚，你還是有選擇權，不需要忍耐。

現在的社會要賭男人一個良心真的風險很大。我有個朋友曾經是我很羨慕的女生，那時我單身，她結婚生子後，老公很愛她，對她很好。旁人都覺得她真是嫁對人了，簡直是幸福的代名詞。

沒想到幾年後，我聽說她老公外遇了，而且堅持離婚跟外遇對象結婚，連小孩都不要，也不付養育費。很多人聽到都覺得難以置信，怎麼可能一個愛家愛老婆的男人說變就變？不過還好，女生婚後持續學習其他專長、考證照，可以很快找到工作，不用靠前夫也有穩定的收入，所以離婚後也過得很好。看著她帶著小孩很辛苦，但也看得出來她現在過得很好，而且變得更漂亮了呢！我雖然不太喜歡說為母則強，但有了小孩的媽媽們，真的強起來自己都會怕。

所以說，靠良心真的也是看運氣，最重要的是不要把希望都寄託在對方愛不愛你這件事，而是保有自己的退路。有人養很好，但也要有養得起自己的能力，就算沒有了婚姻，你還能靠

自己生活。這樣才不必委曲求全，說不定告別了婚姻，你還過得更好！不是嗎？

結婚，與其賭一個良心，不如相信自己的內心，你有掌握命運的決心！

敬女人！

原諒，都是有價格的？

朋友說，她有個女生朋友的老公不只外遇，還把小孩、家裡大小事都丟給她，她總是到處抱怨，但最後都原諒老公了。「為什麼？」我很好奇。

「因為老公都會送賠罪禮物、買名牌包給她。難怪我有些貴婦朋友不管老公怎麼玩，她們只要 IG 晒名牌就好……」朋友開起玩笑。

「不會啦，也會晒恩愛啊！」

「你怎麼確定晒恩愛就是真的愛？」

我也聽過男生已婚朋友被老婆抓到偷吃，買商務艙機票帶老婆出國玩安太座，還 po 照片在 FB 上，儼然是個愛妻好男人（白眼翻到後腦勺）。

也有男生交了兩個女友被發現，最後竟然安然度過，因為他買愛馬仕賠罪，女友就原諒他了。聽到這些鬼故事讓我驚訝不已，有這麼容易原諒嗎？這樣就沒事了？

男生朋友說：「原諒，都是有價格的！」

看到這些屈服的案例，我還是不能理解，這樣就算了嗎？要是我，才不可能送禮花錢就打發，太瞧不起人，也矮化了自己不

是嗎？

如果這樣就原諒，豈不是以後都要原諒下去？這樣的感情、婚姻，就建立在不平等的關係上了啊！

「你以為感情都是平等的嗎？人家可以接受就好。你覺得被家暴很可憐，但是她不想離開，還說他只是愛得太用力。你覺得她老公很爛，為什麼要忍耐，但**多的是一邊罵對方，一邊又死守著不離不棄啊！**」聽完，我也不知道要說什麼了。

我相信原諒，也接受原諒，但無法理解原諒可以被物質量化。感情、信任、安全感，可以買得到嗎？

我很生氣那些吃定對方會原諒的態度，甚至擺爛把自己出的錯讓正宮、第三者去爭霸的人。或者是對你好一點、哄一下，你就要委屈、接受。施點小惠，就自以為是大爺。

你覺得，原諒是有價格的嗎？我覺得真心的原諒是無價的，有價的，也不是真心。沒有尊重、沒有尊嚴的愛，根本不是愛。

朋友說：「我的原諒很貴，你買不起！」

我想說的是：「**我的原諒不值錢，但是最珍貴。**」

你有離開的勇氣，勇於簽字的本錢

做一個有能力、有自信的女人，
讓你在婚姻生活中，有離婚念頭升起的時候，
可以勇敢的說，你就是他媽的給老娘簽名！

　　直播時聊到，遇到「橫刀奪愛」時怎麼辦？我覺得，既然對方要分手了，最重要的是轉身一定要優雅，勇敢放下。因為你不怕，不管誰離開你，你都能靠自己活得好好的。

　　你可以失去感情、失去婚姻，但不能失去自己！

　　我曾經也被橫刀奪愛過，但我祝福他們，甚至他們結婚也包了紅包。哈！聽到這，很多人覺得太大氣了怎麼可能？但，我真的放下得很快，我讓自己過得好，也相信自己值得更好。而且，他們的確比較適合啊！

　　雖然我從不跟過去交往對象聯絡，但那個女生後來還跟我變成君子之交的朋友（因為我不是討人厭的前任，我才懶得勾勾纏，而且女生其實是我欣賞的類型），她常跟朋友訴苦婚姻不

幸福，後來離婚了。我心疼，但也支持她，相信她能過得更好。感情就是這樣，塞翁失馬，焉知非福，失去並不是壞事。

但我眞的很欣賞，正面的面對離婚的人，不呼天搶地、不罵對方，不必當弱者，而是好聚好散，讓自己往前進。

不怕失去，是多強大的內在力量？

我說，到這年紀眞的不怕失去了，有愛過很好，天長地久本來就很難，我們本來就要有隨時可能失去的風險。（就像你會買保險一樣。）

能夠優雅的離開，勇敢的放下，是因爲你有「底氣」。

能夠說「不」、能拒絕委屈、能停損。你不是沒他就活不下去（拜託又不是小女生了）。說不定，沒他，你過得更好（通常是這樣）！

我喜歡最近看到一本男生寫的書，很有共鳴，他說：「你應該從單身就培養賺錢的能力，那會在你遇到一個有趣的窮光蛋時，放膽去愛。遇到一個迷人富翁時，不會顯得渺小抬不起頭。」

他說：「保持最好的自己、有能力的自己，有自信、有能力，讓你在婚姻生活中，有離婚念頭升起的時候，可以勇敢的說，你就是他媽的給老娘簽名！」這是男生寫的喔，哈！他說，寫給他的女兒看。

我覺得，擁有選擇權是一件很重要的事。你在任何事情，即便是婚姻問題，都可以有做選擇的能力，而不是被迫、被選擇的那一方。

　　在感情裡最自在快樂的境界是什麼，是不怕失去。因為我們不是靠愛情維生的啊！不是嗎？

　　曾經跟很有智慧的長輩聊到，什麼是最幸福的女人？

　　她說：「女人最大的幸福不是來自於有人愛、有婚姻，而是，你隨時有重回單身的能力！」也就是說，今天感情、婚姻出問題了，對方不愛你、不要你了，你都能馬上打理好自己，重回單身的美好狀態。也就是，你的人生成敗與快樂，並不來自於有沒有人要、有沒有結婚，而是，你可以把自己顧好。

　　你不愛我，我不會活得更差，沒有愛情，我還是快樂的自己，沒有婚姻，我還是可以讓自己幸福。

　　這種「沒在怕」的底氣，就是你最大的魅力！（你不怕失去，怕的可能是對方！）

　　但畢竟我們的底氣可能還沒這麼足夠，如何要培養自己的內心強大？我想就是，當你付出在感情、婚姻、家庭、孩子時，請也想想怎麼照顧好自己，讓自己即使有更多責任，還是要持續進步。

　　千萬不要失去愛自己的能力！

Part **6**
媽媽不是超人！
教養的難題

我是失職的媽媽？

我們都需要放過自己，
也要學會不拿別人的不友善來逼死自己。

　　當你批評別人的孩子，就像是對媽媽說：「你是個失職的媽媽！」「你是怎麼當媽媽的！」你也聽過這句話嗎？每當小孩怎麼了，最怕被人當作失職、不及格的媽媽？更怕小孩被拿來比較、批評，為什麼別的小孩可以他不行？

　　有朋友說，當她發現小孩有語言發展遲緩的問題，要送去「早療」時，長輩強力反對，理由是，這又不是什麼大問題，以後被歧視、被貼標籤怎麼辦？說到底，還是面子問題。甚至懷疑朋友是不是懷孕吃錯了什麼、為什麼小孩比別人笨？為什麼照顧不好……天啊！好傷人！

　　朋友雖然力排眾議送小孩治療，後來也得到很好的成效，但那些話一直在心裡揮之不去，讓她很受傷。

　　當了媽後才知道，即便我們變得更強大，但還是很怕小孩被批評，尤其是很難控制的小小孩，真的很難帶、很辛苦，只要小孩哪裡不夠好、不符合期望，就都是媽媽的錯。

聽了太多舉凡小孩不夠高、不夠胖、太胖、太慢走路、愛哭、尖叫、吃太少、挑食、太晚睡、生病……總之任何你可以想像到的狀況，都會變成媽媽的錯。

朋友說：「我發現都沒有人會責怪爸爸，好奇妙！就連小孩長得不好看，也是媽媽的錯？小孩沒帶好，也第一個怪媽媽，請問爸爸去哪了？」

「爸爸還健在啦！只是可能作用不大……除非是單親家庭，但說實在現在偽單親的媽媽也不少，真的很辛苦！」在育兒這件事，我看到大部分的媽媽壓力都比較大，因為媽媽大部分是主要照顧者。

大家都很怕被冠上失職的媽媽，但並沒有完美的孩子，什麼都好、不會出錯、不會生病，還可以當神童？有嗎？如果小孩一點不完美就凡事怪媽媽，不是逼死人嗎？

我也怕小孩被嫌不夠胖，但是小豬寶的生長曲線身高 95% 體重 75%，其實已經是前段班了，但他就不是很胖（遺傳天生腿細），也不是吃很多的歪嘴人，唉！我也很努力了啊！

也會怕孩子沒帶好，在外面影響別人，常繃緊神經，眼睛都不敢離開他，時刻叮嚀注意，無法輕鬆。老實說，每次帶小孩去外面用餐、去公共場合，我都神經緊繃，因為怕小孩大聲或動作干擾到別人（畢竟一個三歲的小孩真的很容易失控難掌

握），我很怕別人斜眼看我：「這個媽媽怎麼當的？小孩都帶不好？」也很怕小孩被討厭，遇到不友善的情況。我自己臉皮薄，真的很不希望造成別人的任何困擾，常跟別人說：「不好意思。」

帶小孩出門怕影響別人，又擔心小孩安全，說真的，沒有一刻是輕鬆的。想好好吃頓飯就像作戰一樣，我們自己到底有沒有吃、吃了什麼也沒那麼重要了。只要小孩安靜就好！

以前我對別人總是 3C 育兒有點反感，所以現在偶爾給小孩看一下卡通，我也會充滿罪惡感，也怕旁人笑我怎麼可以給小孩看卡通。雖然我堅持到他上幼稚園後才開放看卡通，但有時真的忙不過來，想要小孩安靜坐下來，只能給他看一下。這種罪惡感總是讓我很矛盾，但事實上，媽媽我也想好好靜一下、好好吃個飯啊！好吧！我們注定做不了教養達人，但，拜託放了我們好嗎？媽媽也是凡人啊！

成為媽媽才知道，育兒真的很不容易，我們也已經很努力了！我們都需要放過自己，也要學會不拿別人的不友善來逼死自己。

你應該知道，快樂比完美還要重要。你的孩子跟另一半愛你，並不是因為你的完美，而是你的笑容。

我們從沒失職，而是需要一點尊重，一些空間，還有一絲喘

息！辛苦了！敬各位媽咪！

（溫馨提醒：不要隨意批評／嫌棄別人的小孩，不管你是路人還是家人。因為你生的，就算已長大成人，也沒比較好啊！）

成為母親，我從不說犧牲

成為母親，我從不說犧牲，也不稱偉大。很多人常說母愛很偉大，所以當了媽媽就要犧牲自己。也有人說，**媽媽就是要無我，要把孩子放第一位。**聽起來有道理，但真的成為母親後，我並不認為這是絕對的真理。

因為，我一點也不想當個總是說：「媽媽好辛苦、好委屈、好可憐，為了你，我多麼犧牲自己、放棄自己的夢想。甚至為你忍受不幸福的婚姻，我過得好辛苦，你應該要孝順我、聽我的……」這種情緒勒索型的媽媽。

有朋友就一直受困在「覺得自己不幸福，覺得每個人都欠她」的情緒裡。我一點也不希望，未來孩子是因為同情我、可憐我才孝順我。**我對他付出，也不是為了未來換他付出。我養他，也不是以後要他養我。**

我更不會讓自己過得不好、對自己不好來讓他愧疚。相反的，我會活得好、過得好，讓他欣賞我、欽佩我，以我為傲。

所以我不說犧牲。

- - - - - ♡♡♡ - - - - -

但是，沒有犧牲嗎？

有了孩子，的確會失去不少，但也得到更多。每當又忙又累又睡不飽的時候，我也會低潮、情緒不好、懷疑人生。但，這是我的選擇，我欣然接受。即便辛苦，我也要笑著過，多看生活裡美好的事物，感謝自己得來不易的幸福。

然後，平日再狼狽，我也要偶爾打扮，再忙碌，我也要讓自己進步！都睡不飽了，還要再看幾本書。

你覺得當一個所謂的好媽媽就要無我？我不認為。我願意付出，但不覺得這是犧牲。**我常把孩子需求放在自己之前，但不代表就要完全沒有自己。**

如果總是把自己放到最低、最不重要，不快樂的媽媽是無法帶給孩子幸福與安全感的。你的怨氣與不甘心只會讓孩子變得更負面。

想一想，當你長大了，你會感謝媽媽為了你忍受不幸，沒把自己過好？還是希望媽媽自信發光，為自己勇敢？

為什麼當媽媽要偉大呢？我不覺得自己偉大，是我心甘情願擁有你、生下你。我願意付出、願意吃苦，但我不會怨。因為這都是我的選擇。

我是媽媽，但也是我自己。除了親職，我也想實現自我，也想成長，也想活得精采。

所以，除了當 × 媽媽，× 太太，我也是 × 小姐，我有我的名字，我也是我自己！（老實說，我不太稱我是 × 太太，都自稱陳小姐。）

我不喜歡說犧牲，我不認為自己偉大，我不想活得很悲壯。我只想當孩子眼中，最快樂自信，最愛笑（但還是會生氣而且不完美）的媽媽！

當媽後就離優雅好遠了

成為母親的我們，是選擇放下一些自我，
生活的優先順序改變了，但不是放棄。

朋友感嘆：「當媽後就離優雅好遠了！」

哈，實在太認同了，我還會常在路上對小豬寶大叫：「不要
踩水！」「不要亂跑！」結果路人都回頭看我，這位媽媽有事
嗎？（為何小孩都愛踩水？）

尤其吃飯時，忙小孩手忙腳亂，自己都不能好好吃，有把食
物放進嘴巴就好，管它是什麼？也常等到飯冷了才有時間吃。

優雅兩個字，只有沒帶小孩出門時，才稍微找回一點點吧！
（但沒有多久又要像灰姑娘一樣趕著去接小孩下課，打回原
形。）

朋友問：「有句話說文藝女青年這種病，生個孩子就好了！
所以要讓文藝女青年還俗成大媽，就生個孩子。你認為呢？」

我大笑，我不覺得自己曾經是文藝女青年，但偶爾大媽我認
同。有什麼不好？說是還俗，應該是更接地氣。我說：「應該
是變得沒什麼好怕的！」換完小孩大號的尿布，還可以繼續悠

然自得的吃飯，遇到各種崩潰場面，都可以處變不驚。

　　我才跟朋友說，現在都穿球鞋，高跟鞋束之高閣，帶小孩出門當然以方便追小孩的穿著爲主，頭髮綁起來才方便，沒化妝是日常。而且我常沒穿外套，因爲穿脫不方便、沒有手拿。以前喜歡買自己的衣服鞋子包包，現在大多在買小孩的東西，自己想買的放入網路購物車後，想一想又刪掉了。以前出國的戰利品都是自己的，現在戰利品都是小孩的。你也是這樣嗎？

　　成爲母親的我們，是選擇放下一些自我，生活的優先順序改變了，但不是放棄。雖然生活的重心改變了，還是不能放棄愛自己。

　　生個孩子的確改變女人很多，但摧毀一個女人的，其實不是孩子，而是生活。你的豬隊友、難搞的長輩、工作上的刁難、婚姻生活的無奈和無助。

　　很多人說，婚姻不是愛情的墳墓，孩子才是。也有人說，有了孩子才是婚姻的開始，孩子是照妖鏡，照出你另一半的眞面目。

　　孩子才是影響婚姻的關鍵？你認爲呢？但在婚姻裡，你會抱怨？會改變？還是調整心態去面對？

　　小豬寶三歲，我的育兒之路也變得比以前快樂很多。爲什麼呢？以前會感嘆因爲有了孩子而失去了什麼，現在換個心態想，

有了孩子後，我得到了什麼？其實更多。

孩子可能會耗損你、摧毀你，但也可以成爲你努力生活下去的力量。即使身心疲憊，還是感到幸福，一句「媽媽我愛你」就足夠。

以前會覺得，有了小孩好犧牲喔！什麼都不能做、什麼都做不好，時間又被綁住，不能好好跟朋友聚餐，睡不飽又全身痠痛……

但如果我們總是看不好的地方，不斷抱怨，只會越來越不快樂、越憂鬱。所以我轉換想法，欣然接受才會過得快樂！

上天給了我這麼好的禮物，我要珍惜，要學會享受生活，甘之如飴，把辛苦的每一天活得充滿歡笑！

日子一樣要過，要哭要笑，都是我們自己決定的。

我以前有一段時間也常因爲有了小孩而感到失去很多，心理也會不平衡、不快樂。但後來，我發現既然無法改變現況（小孩塞不回去），那就改變心態吧！多看我們擁有的、美好的那一面，知足感恩有個健康可愛的小孩。

無論如何，成爲母親後的我們還是不想失去自己，在柴米油鹽中不忘記自己的夢想，年華老去也不放棄愛漂亮愛自己。

即便多了大媽魂，但還是保有少女心啊！重點是，我們變得更勇敢了！

現在，就努力把媽媽這個角色當得快樂，苦中作樂！

優不優雅對我來說，也沒有關係了！

你會後悔當媽媽嗎？

「你會後悔當媽媽嗎？」前陣子很多媽媽聊起這個話題，有趣的是，不少媽媽承認會後悔。

這讓我想起常在網路上看到討論：**「你後悔結婚，還是後悔生小孩？」**更有趣的是，很多人說：「後悔結婚，但不後悔生小孩。」

朋友問我，我說：「我沒有後悔過耶！雖然真的犧牲很多，常常厭世無力暴躁生氣、再也睡不飽，但真的要問我，我沒後悔過這個決定！」

想到前幾天另一半對我說：「我們要好好珍惜老天爺帶來的寶貝兒子！」的確，我做了三次試管，肚皮打了近百針，打到瘀青才擁有這個孩子，我常常心懷感恩。

朋友說：「我看會後悔的媽媽，大多是後悔結婚，因為另一半很廢，婚姻不幸福，過著偽單親生活，感到孤單無援。還有，就是在沒有心理準備下生小孩，或奉子成婚，不是在期待下生小孩。他們會覺得人生因為孩子而被剝奪了！反之，真心求來、得來不易的孩子，會比較珍惜。」可能是吧。

但老實說，誰不覺得生活被剝奪呢？只是輕重的問題。我也會羨慕單身的人可以說走就走的旅行，國門開放馬上可以飛！我

們除了放不下、沒有自由，也少了社交生活，可以自己出去聚餐太難，然後人生再也沒有睡到飽。

小孩皮的時候又理智線斷掉，每天都想當優雅溫柔的媽媽，每天都失敗……

但是後悔嗎？**每天看著小豬寶對我的愛與依賴，那最真誠純粹的情感、天真善良的美好，常讓我幸福感動。**

有了小孩，你的辛苦可能多十倍，但你得到的快樂可能是一百倍！而這樣的快樂，是你窮盡一生也無法找到、不能被取代的！你才會知道，愛可以這麼深層，可以這麼極致。

會後悔嗎？可能你失去了什麼，但必定得到更多。既然選擇了，就享受它的苦與樂吧！

我不後悔，人生再重來，我還是會嫁一樣的老公，生一樣的孩子。

看著孩子，我常覺得人生被他療癒了。

你會後悔嗎？或許短暫時刻，你會這麼想。但是人生真的重來，你還是會選擇生下孩子的。誰叫他們喊我們一聲：「媽媽～」我們就融化了。

小孩的自由與放任，該怎麼拿捏？

有了小孩後，我更有同理心了，
內心會默默跟其他家長說：「辛苦了！」
給對方我懂你、沒關係的眼神。

　　小豬寶前幾天出門要賴，坐在外面的地上不起來，疫情期間，媽媽忍住抓狂，趕快叫他起來、把他拉起來，怕影響到別人走過。到旁邊全身噴酒精消毒，很嚴肅的跟他說：「不能坐在外面地上！」

　　還好小豬寶是可以說得動的，接下來幾天，我重複問他：「媽媽說第一件事，是什麼？」

　　「不能坐地上。」

　　「第二件事呢？」

　　「不能大叫。」很好。

　　想必很多人都遇過小孩在外突然要賴、哭鬧，怎麼處理好？其實很多路人最怕的是不處理的家長吧！小孩固然年紀小不能

控制，可以體諒，但如果大人覺得無所謂、影響到別人也要強迫別人接受，雙手一攤、不想理會，甚至不會覺得不好意思，我覺得這樣就不 ok 了！

很多家長會希望別人多一點「同理心」，體諒他帶小孩的辛苦。但老實說，別人要不要同理是他的決定，如果真的影響到別人太多，別人也不一定要同理的。因為我們也可能影響到、侵害到別人的權益啊！我覺得基於禮貌，不是強迫別人一定要接受，而是別人願意有同理心，我們要感謝，這不是應該的。

以前單身的時候，我也遇過很多小孩突發狀況，但我內心是喜歡小孩的，所以都會包容。有一次搭長程飛機，幾個小時都聽著小孩大聲哭鬧，老實說真的很厭世，但我也只是忍耐而已（不然呢？）我相信小孩應該不舒服、大人也很辛苦了（如果我是家長，應該尷尬到不行吧。）我們能做的只能體諒、忍耐一下不便，累一點但也無妨。

有了小孩以後，我變成為那個尷尬的角色，所以更能懂家長的辛苦。我知道別人忍耐很辛苦，但面對怪獸般的小孩，父母也真的很盡力了！

我的臉皮很薄，小孩如果影響到別人，我會覺得非常抱歉，趕快帶離現場、處理自己小孩。因為，別人沒有義務忍受小孩的胡鬧。所以常跟隔壁桌的說不好意思，還請過隔壁桌情侶喝

香檳（怕打擾別人約會，以後不敢結婚生小孩怎麼辦？）

還好，小豬寶除了興奮時大聲點（笑得太大聲），不常耍賴，也算好溝通。（當下的處理和事後的教育很重要。）

我不擅於教養，也是粗心大意、放得很鬆的快樂媽媽。但不要讓小孩影響別人、成為小霸王，是我很在意的事。

有些人說：「他只是小孩嘛！」沒錯，但越長越大，還說：「他只是小孩！」「我的小孩很乖（都是別人帶壞的）！」聽起來是不是很可怕。蠻多朋友說，現在很多小孩不用等長大，小學就壞掉了。

朋友說：「你覺得你的小孩耍賴倒地尖叫很可愛，旁人不一定這樣覺得，只是出於禮貌不好意思多說什麼罷了！」

我覺得，孩子有自由的空間，也要有界線的拿捏。在家裡可以隨便翻滾，但在外面就要看場合。雖然小小孩真的很容易失控，也不好溝通，常還會挑戰大人的底線……

所以有了小孩後，我更有同理心了，內心會默默跟其他家長說：「辛苦了！」給對方我懂你、沒關係的眼神。

················💗·················

小豬寶現在三歲，我覺得生活常規很重要，要排隊、弄髒要自己擦、玩具自己收、幫忙收衣服、要有禮貌、不能亂摸……

所以他在外上團體課時很融入不會鬧，走巷子堅持走綠色行人專用道，久而久之，簡單的事情，每天練習就成為習慣。

成為父母真的不容易，超級難！即便我是個放很鬆的媽媽，也常神經緊繃。只能說，大家辛苦了！

（溫馨提醒：沒有心理準備好，也不一定要生小孩喔，別人的玩玩就好，有人說小孩好可愛，朋友說那可以帶回家一天，再考慮一下唷！說不定你會覺得不婚不生才是明智的選擇呢！）

生氣過後，你會跟孩子道歉嗎？

原本以為婚姻是修行，
沒想到生了小孩才是真正的修行啊！

　　有了小孩，都會有被激怒的時候吧？當他搗蛋、胡鬧時，真的很難控制情緒。小豬寶有時也會在我又忙又累時，做了惹怒我的事，一生氣真的難免對他大聲。

　　你們也有這樣的經驗嗎？生氣時罵小孩，氣消了又懊惱為何要對小孩這麼兇，看著小可愛睡著的臉龐決定明天要當個溫柔的媽媽，結果早上起來又破功（無盡輪迴，人生好難）……

　　很多媽媽都深有同感，為何會失控兇小孩，後來又後悔懊惱呢？其實，是我們累了。有時候並不是真的生氣他做了什麼，而是我們已經疲憊不堪，精神耗弱，對於育兒的生活感到無奈又無力，小孩只是壓垮駱駝的最後一根稻草。

　　朋友說：「我們真的不是愛罵小孩，只是累了！」或許我們罵的不是小孩，而是厭惡無能為力、什麼都做不好、疲憊的生

活和不夠完美的自己。

曾經寫過，為什麼媽媽會生氣呢？其實氣的不一定是小孩，而是生活。

可能你有個豬隊友，在你忙不過來的時候不會幫忙（說幫忙也很怪，小孩不是他的嗎？）覺得自己活得像偽單親，或是你有婆家的逼迫、工作的壓力，讓你的生活喘不過氣，覺得孤立無援。心靈加上身體的疲憊，讓你理智線不小心斷裂……

有時候我也會懊惱，為什麼要生氣？其實小孩做的事沒必要氣成這樣，但我懂，那就是太累了，心累加上身體累，讓我們再怎麼理智，也會不小心失去控制。

但兇了小孩以後，我一定會再找機會跟他說：「來～媽媽抱抱！」

小豬寶也很喜歡來抱我，我說：「媽媽今天對你說話大聲，對不起！媽媽很愛你，知道嗎？」

「知道～」甜甜的說。

「那以後要乖乖嗎？不能……好嗎？」

「好～」

「媽媽很愛你唷！」親一下。

「我也愛馬麻～」

這時候就是我們溝通的好時機，在彼此情緒都好的時候，跟

他說清楚，媽媽希望他能做到什麼、不做什麼。最重要的是，要給他滿滿的愛，讓他知道即便我們不是完美的媽媽，但真的很愛他。

我會承認：「媽媽錯了！」我想做個勇於承認錯誤、展現脆弱的媽媽。

對很多父母來說，要開口跟孩子說對不起真的很難，別說父母了，家人之間也很難說出口。可能是面子，也可能是覺得，都是一家人了，何必？

但一句「對不起」的力量可能比你想的大，你對他有多少愛，說不出口，你的愧疚，說不出口。久而久之，對方就感受不到你的愛了。

我希望孩子知道，媽媽不是完美的（這一點我的孩子很清楚），但有不 ok 的地方，我們就要接受、面對。不要因為一時情緒、一句話，而磨損了感情。

原本以為婚姻是修行，沒想到生了小孩才是真正的修行啊！不要責怪自己和孩子，抱一下，說一聲：「我好愛你。」其實是最棒的力量、最好的禮物。

小孩三歲，媽媽我也三歲啊！我也不成熟，很多事情也需要學習、成長。

所以，寶貝，我們一起長大吧！

媽媽的分離焦慮

原本以為是小孩離不開我們，但其實是媽媽有分離焦慮！

還記得小豬寶第一天上幼兒園，本來很期待，以為媽媽我會開心的跳躍離開，沒想到捨不得的、不想走的、哭的人是我……

那天早上送他上學，原本還一直跟他笑著說：「有好多小朋友跟你玩好不好？」

「好～」

「還有老師陪你玩好不好？」

「好～」

因為上過托嬰，小豬寶很期待可以再跟小朋友玩，看到學校就想衝進去。本來以為第一天上學順利笑咪咪，但被老師抱進教室時還是哭了。這一哭，站在門口的我也忍不住哭了（天啊！我為什麼要哭，我明明很高興啊，疫情這段時間居家帶小孩還要工作已經快崩潰了，就期待他上學，怎麼我會想哭？）

站在門口，看到許多大哭的小孩，許多第一次送小孩上學焦心的家長，遠遠看著小豬寶，我發現最捨不得走的人是我……

大家說，這都是過程，小孩慢慢長大，總是黏在我們身上的他，很快會有不再黏著我們的一天。

當我們好累好累的時候，多希望他不要來黏我、拜託給我一點空間、媽媽想休息一下，可以讓我多睡五分鐘嗎？為什麼要亂丟玩具？

生氣時好氣好氣，氣小孩讓我們困住、氣自己無能、氣我們非得要犧牲自己……然後會想，如果沒有小孩，我們可以怎樣怎樣……

但是，**所有的負面能量在看到小孩笑著、熟睡的模樣後，我們又軟化了，懊惱了起來。**

我們覺得慚愧，為什麼要為小事生氣？我們是如此的愛孩子，愛到可以放下自己，給他我們的全世界。因為在他們的眼中，我們不就是全世界嗎？

是啊！媽媽能給你所有的愛，給你全世界，只要你用奶音叫著：「馬麻～」這就是我們存在的意義啊！

❤❤❤

在教室外的我，看到小豬寶不哭了，似乎開始在摸索、在玩，老師說：「媽媽不要站在門口了喔，小孩如果看到又會哭的。」好吧！捨不得的我還是轉身離開，然後在對面公園的長椅上，

默默擦眼淚……

沒想到，有分離焦慮的是我，放不下的是我。

想到昨天晚上還在唸小孩，為了他要聽音樂一直換 CD 而生氣，現在想想，我們能陪伴孩子的日子只會越來越短，現在怕他一直來黏，以後我們反而會想念那個黏著我們、抱著大腿、硬要跟著上廁所、倒地崩潰哭的小屁孩。

總有一天，媽媽要接受你長大，我多麼期待你長大，卻又好怕你長得太快……

才送你上學，就想著下
課早點去接你吧！

然後要跟你說：「媽媽
真的好愛你唷！」

我不想當萬能的媽媽，
而是偶爾無能的媽媽

媽媽不必逞強，不必要求自己太多，
不要什麼都做到好，重點是不要逼死自己。

「馬麻，你又忘記了！」小豬寶常虧我。

「對啊！馬麻會忘記，你要自己記得喔！」

我發現，當我說：「媽媽不會，你可以做給媽媽看嗎？」舉凡收玩具、穿鞋子、整理衣物……小豬寶就會熱心的去做（覺得自己很棒）。

在育兒的崩潰生活中，我悟出了一個真理，就是，媽媽要懂得示弱！

媽媽可以懶惰一點，不要做太多，也不要全能。當個偶爾無能的媽媽，小孩會成長獨立的比較快！（但我不是教養專家，只是分享我的經驗唷。）

老實說，我天生就是個大而化之、粗心大意、記性又不好的人，所以當了媽媽一開始也很挫折，因為我沒辦法像別的媽媽

一樣，什麼都做得好、專業又完美。我常忘東忘西，譬如出門忘了幫小孩穿鞋，他提醒我才知道：「馬麻，我還沒有穿鞋鞋！」哈哈。

後來我也會故意裝不知道、裝不會，跟小豬寶說：「請幫幫忙，媽媽找不到、拿不到……」「媽媽忘記了，你可以教教我嗎？」我發現這招很好用。

所以小豬寶成為我的家事小幫手，煎蛋時會幫我拿醬油、掃地時會搶著掃，玩具會堅持自己收好、排好。當然，我也會裝一下：「媽媽收不完，媽媽不知道要放哪裡，你可以幫忙嗎？」

我知道自己很忙，也不是完美媽媽，所以不能什麼事都做好，一定要小孩早點獨立、生活自理。我看過很多被寵壞的孩子，什麼事情都要媽媽做，天啊！我才不想讓我兒子變成媽寶。

媽媽不必逞強，不要要求自己太多，不要什麼都做到好，重點是不要逼死自己。

學會和孩子示弱，告訴他：「媽媽真的不能、媽媽累了、媽媽不會……」即便他有時會哭鬧、腦脾氣，但還是要讓他知道，媽媽不會什麼都幫你做好。

小豬寶很貼心，表現得很好時，我會給他大大的 kiss 加擁抱。最近一直假裝忘了什麼，考考他，要他記得。他會很 man 的跟我說：「媽媽你不知道，我知道！我會記得！」

現在每次出去，他都會提醒我要帶他的什麼東西。坐車要下車時，他也會提醒我東西不要忘了拿。還會跟我說：「媽媽不要忘記喔！」眞是可愛，也太貼心了吧！沒想到我孩子記性比我好，比我細心，我眞是出運了！

　　示弱用在親子關係，也用在夫妻關係。女人不要太逞強，你的老公、孩子沒有你想的這麼無能。

　　女人什麼都要自己來，最後累死的都是自己，別人還覺得都是你的事。最後還抱怨爲什麼別人不幫忙、爲什麼老公變成豬隊友？就是因爲你太勤勞了啊！

　　並不是要你擺爛或什麼都不做，而是，懂得留一些事情給別人、把責任交付別人一點，然後表現出你很需要他、他眞的很棒、你很感謝他的付出……而不是去嫌別人做不好（傻傻的），這樣關係會更好，你也會比較快樂！

　　眞的不要做太多！留點空間給他們表現，是雙贏！

我相信我的孩子愛我，不是因為我不會犯錯

為什麼當了媽媽後，愛自己變得這麼難？
因為我們覺得自己什麼都錯。

自從當媽了以後，我才發現原來媽媽們很容易不快樂，不只是照顧小孩的疲憊，還有心靈上的壓力。最容易有的就是罪惡感、挫折感、無力感，常會否定自己，覺得自己什麼都做不好。

這樣的感覺有時來自於自己，大部分則是來自他人。友人說：「生小孩後的產後憂鬱，我覺得到小孩長大都沒有完全好。我常覺得自己不是個好媽媽，怎麼別人可以輕鬆做好的事，我都做不好，甚至連自己也照顧不好，看到自己的狀態就討厭。」

也有全職媽媽說：「我每一天忙完都覺得很茫然。別人覺得在家帶小孩不用工作很輕鬆，但我覺得比上班還累，而且又沒有地位。我沒有自己的時間，沒有收入，也沒有成就感。」

更多時候，我們聽到的是家人、旁人給我們的壓力，為什麼小孩會哭、為什麼會失控、為什麼會長不高長不胖、為什麼會

生病、爲什麼不能像誰的孩子一樣……甚至連路人也會給壓力，爲什麼你的小孩擋到他的路、這麼吵……

在很多人的眼裡，只要小孩哪裡不夠好，就是媽媽不好，但是那些出一張嘴的人，永遠不曉得，你有多努力。

朋友說：「那些人都會說，是媽媽的錯。爸爸只要付出媽媽十分之一的努力，就可以被稱爲好爸爸！」

有了小孩後，你發現很多事情不是你能掌控，甚至完全不能有把握。教養書告訴你要怎麼育兒，但你做不到當個優雅的媽媽，也無法成爲不會生氣的媽媽，在育兒的路上，只有不斷挫敗……這次又錯了，然後，你覺得自己做什麼都錯。

每個晚上看著熟睡的孩子，你難過後悔自己爲什麼不能當一個理想的媽媽，爲什麼要生氣崩潰，你想到自己又做錯了什麼，明天一定要改進。

但是，你何嘗不想當一個完美的媽媽？你眞的很想，但是生活的操勞、疲憊，永遠睡不飽、時間趕趕趕，高壓的育兒生活，讓你再也無法當一個完美的媽媽、理想的自己。

我們不斷懷疑自己，覺得自己總是犯錯。

旁人置身事外的否定你，問你爲什麼連這一點小事都做不好？對，我們就是一點小事都做不好的媽媽，每天都想做對，卻總是懊惱自己又犯錯的媽媽，我們無能爲力，無法成爲像別

人一樣好的媽媽。

每當我有這樣的自責和脆弱，在孩子的一句「馬麻，我愛你」，在孩子的熱情擁抱中，得到了最好的療癒。於是我思考，孩子需要一個什麼媽媽？

·················· ❤ ··················

小豬寶會在我要收東西的時候，提醒我：「馬麻～ ×× 不要忘了！」因為我是一個記性不好的媽媽。

他會在我走在路上時，告訴我要走在綠色行人通道上，才會安全。

他會吃到好吃的東西時，抓一口給我：「馬麻～吃！」

他會在我生氣沮喪的時候，在我手上塞一個玩具：「馬麻～送給你！」「這個給你吃～（把玩具當成食物）」，或是趕快過來給我抱抱。

他也會在每天上學到校時跟我說：「馬麻～下課要來接我！」（當然會，這是什麼問題？）

他會在跟我玩的時候，認真的跟我說：「馬麻～你錯了！」回神清醒一看，真的是我弄錯了。

我也會在懊惱時跟他道歉：「馬麻剛剛生氣對你太兇對不起，馬麻很愛你，知道嗎？」他會甜甜回我：「我也愛你！」彷彿

剛剛的崩潰不存在。

我總在想，孩子要的是一個什麼樣的媽媽？是什麼都對、完美的媽媽？還是像我們這樣比較人性化、比較不夠好的媽媽？

從小孩的眼中，我知道，他們要的是一個快樂的媽媽。

雖然媽媽大部分的不快樂是因為小孩（或豬隊友？）但我們大部分的快樂也來自於孩子。如此矛盾，又無法理解。

當媽後的快樂怎麼那麼難？因為我們每天都覺得自己什麼都錯，越想做對，越會做錯。我們也不想整天活在挫折與罪惡感啊！

或許我們該放下「不會做錯」的堅持，而什麼又是錯的？那不是你的錯，更不是真的錯啊！

看著孩子，我突然感觸，我相信我的孩子愛我，不是因為我不會犯錯。他愛我，只是因為我努力做一個媽媽，只是因為，我是他的媽媽！

後記：
這十五年來，陪你療傷，
也陪我成長

　　算一算，網路寫作的日子也超過十五年，出書也超過十本了。

　　這麼多年來，支持我的就是你們的鼓勵，還有告訴我：「謝謝女王，因為看了你的文章，讓我從失戀中走出來、找到幸福……」一句謝謝，就是我寫下去的動力！（當然也有不少人說：「女王，我是看你的文章長大的。」哈！謝謝大家）

　　想想，寫作的初衷是什麼？並不是為了紅，而是我真的很想寫，寫下對感情的想法、觀察，沒想到越來越多人喜歡看，也讓我更有了使命感。老實說，創作的過程是辛苦又孤獨的，能支持自己十幾年來寫下去，還有成名後的壓力，處處都是考驗。

　　有人問寫書的動力是什麼？我說：「能夠幫助別人，就是幸

福的！」

「會有想放棄的時候嗎？」也會有，我遇過有人要我放棄（愛情事業二選一？）或酸我只是好運成名、江郎才盡，或是說看書的人越來越少，這麼多字的創作還有人想看嗎？但這麼多年來，我還是決定堅持寫下去。

從以往的辛辣到現在的成熟，走過單身，進入婚姻，有了孩子，我覺得讀者也是跟著我一起成長的。越成熟，看的角度越不同。

其實一直以來，我不太喜歡被稱為「兩性專家」，我不是專家，感情裡沒有人是專家，我和你們一樣。也失戀過、犯錯過、迷惘過，你們經歷的事，我一樣也沒有少過。

我只是寫下我的感觸、體悟，寫下我努力爬出來、找到自己的過程，我常常也是邊哭邊寫下文章。這些路，你我都走過。但經歷過的我，真心希望你們少走一點冤枉路。

一直以來，我總是收到許多讀者的感情問題，我也會在文章、直播裡跟大家一起聊，總是想著，我能幫助你們多少？看到你們陷在困境，恨不得趕快拉你們一把。我想這就是我的使命吧！

十五年來寫過這麼多本書，如果你也是我的讀者，也陪伴我

一起成長，曾經因為我的一本書、一篇文章、一句話，而影響了你的人生，那真的是我最大的收穫和快樂。這就是我的動力！

寫著寫著，我自己也從中思考、成長了，雖然我並不會為了拚網路流量、吸引注意而去寫聳動、有爭議的文字，也不會去批判或消費別人，不喜歡為了人氣而去刻意做什麼。我只專注在寫我覺得正面、對人有幫助的文章。當然，在現在的網路世界中，不一定吃香，也不一定搏眼球。但我覺得是對的事情，就會努力做下去！即便不討喜，這也是我堅持的創作方向。

也感謝一路上陪伴、支持我的讀者，願意給我一個鼓勵、一個留言，讓我知道寫作這條路上不孤單。

不管紅與不紅，我仍然是那個熱愛寫作、喜歡分享文字、也喜歡跟你們聊天的創作者，我依舊保有我真誠的心，這是我對寫作不變的熱愛。

謝謝你們這些年來的陪伴，我陪你們療傷，你們也陪我一起成長！

希望你們都能從書裡找到力量，這就是我最大的幸福！

www.booklife.com.tw

reader@mail.eurasian.com.tw

天際系列　006

愛對自己

作　　　者／女王

攝　　　影／鄧正乾

發 行 人／簡志忠

出 版 者／圓神出版社有限公司

地　　　址／臺北市南京東路四段50號6樓之1

電　　　話／（02）2579-6600・2579-8800・2570-3939

傳　　　真／（02）2579-0338・2577-3220・2570-3636

副 社 長／陳秋月

主　　　編／賴真真

責任編輯／吳靜怡

校　　　對／吳靜怡・歐玟秀

美術編輯／金益健

行銷企畫／陳禹伶・林雅雯

印務統籌／劉鳳剛・高榮祥

監　　　印／高榮祥

排　　　版／陳采淇

經 銷 商／叩應股份有限公司

郵撥帳號／18707239

法律顧問／圓神出版事業機構法律顧問　蕭雄淋律師

印　　　刷／國碩印前科技股份有限公司

2023年1月 初版

定價440元　　　　ISBN 978-986-133-857-6

坦然面對自己無法什麼都做好，欣然接受沒有每件事都順著我們心意。在最糟的情況下，仍不失去對自己的愛。

我們以為愛都是美好的，事實上，愛是如此傷痕累累，一點也不美。只有在歷經千辛萬苦、擦乾眼淚後，我們才懂愛，才感謝自己從未放棄「愛自己」。

——《愛對自己》

◆ **很喜歡這本書，很想要分享**

圓神書活網線上提供團購優惠，
或洽讀者服務部 02-2579-6600。

◆ **美好生活的提案家，期待為您服務**

圓神書活網 www.Booklife.com.tw
非會員歡迎體驗優惠，會員獨享累計福利！

國家圖書館出版品預行編目資料

愛對自己 / 女王 著 . -- 初版 . -- 臺北市：圓神出版社有限公司 , 2023.01
224 面；14.8×20.8 公分 . -- （天際系列；6）
ISBN 978-986-133-857-6（平裝）
1.CST：自我肯定 2.CST：生活指導 3.CST：女性

177.2   111018983